FINLANDÊS

VOCABULÁRIO

PORTUGUÊS BRASILEIRO

PORTUGUÊS
FINLANDÊS

Para alargar o seu léxico e apurar
as suas competências linguísticas

3000 palavras

I0176483

Vocabulário Português Brasileiro-Finlandês - 3000 palavras

Por Andrey Taranov

Os vocabulários da T&P Books destinam-se a ajudar a aprender, a memorizar, e a rever palavras estrangeiras. O dicionário é dividido em temas, cobrindo todas as principais esferas de atividades quotidianas, negócios, ciência, cultura, etc.

O processo de aprendizagem, utilizando os dicionários baseados em temáticas da T&P Books dá-lhe as seguintes vantagens:

- Informação de origem corretamente agrupada predetermina o sucesso em fases subsequentes da memorização de palavras
- Disponibilização de palavras derivadas da mesma raiz, o que permite a memorização de unidades de texto (em vez de palavras separadas)
- Pequenas unidades de palavras facilitam o processo de estabelecimento de vínculos associativos necessários para a consolidação do vocabulário
- O nível de conhecimento da língua pode ser estimado pelo número de palavras aprendidas

T&P Books Publishing
www.tpbooks.com

ISBN: 978-1-78767-440-0

Este livro também está disponível em formato E-book.
Por favor visite www.tpbooks.com ou as principais livrarias on-line.

VOCABULÁRIO FINLANDÊS
palavras mais úteis

Os vocabulários da T&P Books destinam-se a ajudar a aprender, a memorizar, e a rever palavras estrangeiras. O vocabulário contém mais de 3000 palavras de uso comum organizadas tematicamente.

O vocabulário contém as palavras mais comummente usadas

Recomendado como adicional para qualquer curso de línguas

Satisfaz as necessidades dos iniciados e dos alunos avançados de línguas estrangeiras

Conveniente para o uso diário, sessões de revisão e atividades de auto-teste

Permite avaliar o seu vocabulário

Características especias do vocabulário

- As palavras estão organizadas de acordo com o seu significado, e não por ordem alfabética
- As palavras são apresentadas em três colunas para facilitar os processos de revisão e auto-teste
- As palavras compostas são divididas em pequenos blocos para facilitar o processo de aprendizagem
- O vocabulário oferece uma transcrição simples e adequada de cada palavra estrangeira

O vocabulário contém 101 tópicos incluindo:

Conceitos básicos, Números, Cores, Meses, Estações do ano, Unidades de medida, Roupas & Acessórios, Alimentos & Nutrição, Restaurante, Membros da Família, Parentes, Caráter, Sentimentos, Emoções, Doenças, Cidade, Passeios, Compras, Dinheiro, Casa, Lar, Escritório, Trabalho no Escritório, Importação & Exportação, Marketing, Pesquisa de Emprego, Esportes, Educação, Computador, Internet, Ferramentas, Natureza, Países, Nacionalidades e muito mais …

TABELA DE CONTEÚDOS

GUIA DE PRONUNCIAÇÃO

Alfabeto fonético T&P	Exemplo Finlandês	Exemplo Português
[·]	juomalasi [juoma·lasi]	ponto mediano
[:]	aalto [a:lto]	som de longa duração

[a]	hakata [hakata]	chamar
[e]	ensi [ensi]	metal
[i]	musiikki [musi:kki]	sinônimo
[o]	filosofi [filosofi]	lobo
[u]	peruna [peruna]	bonita
[ø]	keittiö [kejttiø]	orgulhoso
[æ]	määrä [mæ:ræ]	semana
[y]	Bryssel [bryssel]	questionar

Consoantes

[b]	banaani [bana:ni]	barril
[d]	odottaa [odotta:]	dentista
[ʤ]	Kambodža [kambodʒa]	adjetivo
[f]	farkut [farkut]	safári
[g]	jooga [jo:ga]	gosto
[j]	suojatie [suojatæ]	Vietnã
[h]	ohra [ohra]	[h] aspirada
[ɦ]	jauhot [jauɦot]	[h] suave
[k]	nokkia [nokkia]	aquilo
[l]	leveä [leveæ]	libra
[m]	moottori [mo:ttori]	magnólia
[n]	nainen [najnen]	natureza
[ŋ]	ankkuri [aŋkkuri]	alcançar
[p]	pelko [pelko]	presente
[r]	raketti [raketti]	riscar
[s]	sarastus [sarastus]	sanita
[t]	tattari [tattari]	tulipa
[ʋ]	luvata [luʋata]	fava
[ʃ]	šakki [ʃakki]	mês
[ʧ]	Chile [ʧile]	Tchau!
[z]	kazakki [kazakki]	sésamo

ABREVIATURAS
usadas no vocabulário

Abreviaturas do Português

adj	-	adjetivo
adv	-	advérbio
anim.	-	animado
conj.	-	conjunção
desp.	-	esporte
etc.	-	Etcetera
ex.	-	por exemplo
f	-	nome feminino
f pl	-	feminino plural
fem.	-	feminino
inanim.	-	inanimado
m	-	nome masculino
m pl	-	masculino plural
m, f	-	masculino, feminino
masc.	-	masculino
mat.	-	matemática
mil.	-	militar
pl	-	plural
prep.	-	preposição
pron.	-	pronome
sb.	-	sobre
sing.	-	singular
v aux	-	verbo auxiliar
vi	-	verbo intransitivo
vi, vt	-	verbo intransitivo, transitivo
vr	-	verbo reflexivo
vt	-	verbo transitivo

CONCEITOS BÁSICOS

1. Pronomes

eu	minä	[minæ]
você	sinä	[sinæ]
ele	hän	[hæn]
ela	hän	[hæn]
ele, ela (neutro)	se	[se]
nós	me	[me]
vocês	te	[te]
eles, elas	he	[he]

2. Cumprimentos. Saudações

Oi!	Hei!	[hej]
Olá!	Hei!	[hej]
Bom dia!	Hyvää huomenta!	[hyʋæː huomenta]
Boa tarde!	Hyvää päivää!	[hyʋæː pæjʋæː]
Boa noite!	Hyvää iltaa!	[hyʋæː iltaː]
cumprimentar (vt)	tervehtiä	[terʋehtiæ]
Oi!	Moi!	[moj]
saudação (f)	tervehdys	[terʋehdys]
saudar (vt)	tervehtiä	[terʋehtiæ]
Tudo bem?	Mitä kuuluu?	[mitæ kuːluː]
E aí, novidades?	Mitä on uutta?	[mitæ on uːtta]
Tchau! Até logo!	Näkemiin!	[nækemiːn]
Até breve!	Pikaisiin näkemiin!	[pikajsiːn nækemiːn]
Adeus!	Hyvästi!	[hyʋæsti]
despedir-se (dizer adeus)	hyvästellä	[hyʋæstellæ]
Até mais!	Hei hei!	[hej hej]
Obrigado! -a!	Kiitos!	[kiːtos]
Muito obrigado! -a!	Paljon kiitoksia!	[paljon kiːtoksia]
De nada	Ole hyvä	[ole hyʋæ]
Não tem de quê	Ei kestä kiittää	[ej kestæ kiːttæː]
Não foi nada!	Ei kestä	[ej kestæ]
Desculpa! -pe!	Anteeksi!	[anteːksi]
desculpar (vt)	antaa anteeksi	[antaː anteːksi]
desculpar-se (vr)	pyytää anteeksi	[pyːtæ anteːksi]
Me desculpe	Pyydän anteeksi	[pyːdæn anteːksi]
Desculpe!	Anteeksi!	[anteːksi]

| perdoar (vt) | antaa anteeksi | [anta: ante:ksi] |
| por favor | ole hyvä | [ole hyuæ] |

Não se esqueça!	Älkää unohtako!	[ælkæ: unohtako]
Com certeza!	Tietysti!	[tietysti]
Claro que não!	Eipä tietenkään!	[ejpæ tieteŋkæ:n]
Está bem! De acordo!	Olen samaa mieltä!	[olen sama: mieltæ]
Chega!	Riittää!	[ri:ttæ:]

3. Questões

Quem?	Kuka?	[kuka]
O que?	Mikä?	[mikæ]
Onde?	Missä?	[missæ]
Para onde?	Mihin?	[mihin]
De onde?	Mistä?	[mistæ]
Quando?	Milloin?	[millojn]
Para quê?	Mitä varten?	[mitæ ʋarten]
Por quê?	Miksi?	[miksi]

Para quê?	Minkä vuoksi?	[miŋkæ ʋuoksi]
Como?	Miten?	[miten]
Qual (~ é o problema?)	Millainen?	[millajnen]
Qual (~ deles?)	Mikä?	[mikæ]

A quem?	Kenelle?	[kenelle]
De quem?	Kenestä?	[kenestæ]
Do quê?	Mistä?	[mistæ]
Com quem?	Kenen kanssa?	[kenen kanssa]

Quantos? -as?	Kuinka monta?	[kuiŋka monta]
Quanto?	Kuinka paljon?	[kujŋka paljon]
De quem? (masc.)	Kenen?	[kenen]

4. Preposições

com (prep.)	kanssa	[kanssa]
sem (prep.)	ilman	[ilman]
a, para (exprime lugar)	... ssa, ... ssä	[ssa], [ssæ]
sobre (ex. falar ~)	... sta, ... stä	[sta], [stæ]
antes de ...	ennen	[ennen]
em frente de ...	edessä	[edessæ]

debaixo de ...	alla	[alla]
sobre (em cima de)	yllä	[yllæ]
em ..., sobre ...	päällä	[pæ:llæ]

| de, do (sou ~ Rio de Janeiro) | ... sta, ... stä | [sta], [stæ] |
| de (feito ~ pedra) | ... sta, ... stä | [sta], [stæ] |

| em (~ 3 dias) | päästä | [pæ:stæ] |
| por cima de ... | yli | [yli] |

5. Palavras funcionais. Advérbios. Parte 1

Onde?	Missä?	[missæ]
aqui	täällä	[tæ:llæ]
lá, ali	siellä	[siellæ]
em algum lugar	jossain	[jossajn]
em lugar nenhum	ei missään	[ej missæ:n]
perto de ...	luona	[luona]
perto da janela	ikkunan vieressä	[ikkunan uæressæ]
Para onde?	Mihin?	[mihin]
aqui	tänne	[tænne]
para lá	tuonne	[tuonne]
daqui	täältä	[tæ:ltæ]
de lá, dali	sieltä	[sieltæ]
perto	lähellä	[læhellæ]
longe	kaukana	[kaukana]
perto de ...	luona	[luona]
à mão, perto	vieressä	[uieressæ]
não fica longe	lähelle	[læhelle]
esquerdo (adj)	vasen	[uasen]
à esquerda	vasemmalla	[uasemmalla]
para a esquerda	vasemmalle	[uasemmalle]
direito (adj)	oikea	[ojkea]
à direita	oikealla	[ojkealla]
para a direita	oikealle	[ojkealle]
em frente	edessä	[edessæ]
da frente	etumainen	[etumajnen]
adiante (para a frente)	eteenpäin	[ete:npæjn]
atrás de ...	takana	[takana]
de trás	takaa	[taka:]
para trás	takaisin	[takajsin]
meio (m), metade (f)	keskikohta	[keski·kohta]
no meio	keskellä	[keskellæ]
do lado	sivulta	[siuulta]
em todo lugar	kaikkialla	[kajkkialla]
por todos os lados	ympärillä	[ympærillæ]
de dentro	sisäpuolelta	[sisæ·puolelta]
para algum lugar	jonnekin	[jonnekin]
diretamente	suoraan	[suora:n]
de volta	takaisin	[takajsin]
de algum lugar	jostakin	[jostakin]
de algum lugar	jostakin	[jostakin]

em primeiro lugar	ensiksi	[ensiksi]
em segundo lugar	toiseksi	[tojseksi]
em terceiro lugar	kolmanneksi	[kolmanneksi]

de repente	äkkiä	[ækkiæ]
no início	alussa	[alussa]
pela primeira vez	ensi kerran	[ensi kerran]
muito antes de ...	kauan ennen kuin	[kauan ennen kuin]
de novo	uudestaan	[u:desta:n]
para sempre	pysyvästi	[pysyuæsti]

nunca	ei koskaan	[ej koska:n]
de novo	taas	[ta:s]
agora	nyt	[nyt]
frequentemente	usein	[usejn]
então	silloin	[sillojn]
urgentemente	kiireellisesti	[ki:re:llisesti]
normalmente	tavallisesti	[tauallisesti]

a propósito, ...	muuten	[mu:ten]
é possível	ehkä	[ehkæ]
provavelmente	todennäköisesti	[toden·nækøjsesti]
talvez	ehkä	[ehkæ]
além disso, ...	sitä paitsi, ...	[sitæ pajtsi]
por isso ...	siksi	[siksi]
apesar de ...	huolimatta	[huolimatta]
graças a ...	avulla	[auulla]

que (pron.)	mikä	[mikæ]
que (conj.)	että	[ettæ]
algo	jokin	[jokin]
alguma coisa	jotakin	[jotakin]
nada	ei mitään	[ej mitæ:n]

quem	kuka	[kuka]
alguém (~ que ...)	joku	[joku]
alguém (com ~)	joku	[joku]

ninguém	ei kukaan	[ej kuka:n]
para lugar nenhum	ei mihinkään	[ej miɦiŋkæ:n]
de ninguém	ei kenenkään	[ej keneŋkæ:n]
de alguém	jonkun	[joŋkun]

tão	niin	[ni:n]
também (gostaria ~ de ...)	myös	[myøs]
também (~ eu)	myös	[myøs]

6. Palavras funcionais. Advérbios. Parte 2

Por quê?	Miksi?	[miksi]
por alguma razão	jostain syystä	[jostajn sy:stæ]
porque ...	koska	[koska]
por qualquer razão	jonkin vuoksi	[joŋkin uuoksi]
e (tu ~ eu)	ja	[ja]

ou (ser ~ não ser)	**tai**	[taj]
mas (porém)	**mutta**	[mutta]
para (~ a minha mãe)	**varten**	[ʋarten]
muito, demais	**liian**	[li:an]
só, somente	**vain**	[ʋajn]
exatamente	**tarkasti**	[tarkasti]
cerca de (~ 10 kg)	**noin**	[nojn]
aproximadamente	**likimäärin**	[likimæ:rin]
aproximado (adj)	**likimääräinen**	[likimæ:ræjnen]
quase	**melkein**	[melkejn]
resto (m)	**loput**	[loput]
cada (adj)	**joka**	[joka]
qualquer (adj)	**jokainen**	[jokajnen]
muito, muitos, muitas	**paljon**	[paljon]
muitas pessoas	**monet**	[monet]
todos	**kaikki**	[kajkki]
em troca de …	**sen vastineeksi**	[sen ʋastine:ksi]
em troca	**sijaan**	[sija:n]
à mão	**käsin**	[kæsin]
pouco provável	**tuskin**	[tuskin]
provavelmente	**varmaan**	[ʋarma:n]
de propósito	**tahallaan**	[taɦalla:n]
por acidente	**sattumalta**	[sattumalta]
muito	**erittäin**	[erittæjn]
por exemplo	**esimerkiksi**	[esimerkiksi]
entre	**välillä**	[ʋælillæ]
entre (no meio de)	**keskuudessa**	[kesku:dessa]
tanto	**niin monta, niin paljon**	[ni:n monta], [ni:n paljon]
especialmente	**erikoisesti**	[erikojsesti]

NÚMEROS. DIVERSOS

7. Números cardinais. Parte 1

zero	nolla	[nolla]
um	yksi	[yksi]
dois	kaksi	[kaksi]
três	kolme	[kolme]
quatro	neljä	[neljæ]

cinco	viisi	[ʋiːsi]
seis	kuusi	[kuːsi]
sete	seitsemän	[sejtsemæn]
oito	kahdeksan	[kahdeksɑn]
nove	yhdeksän	[yhdeksæn]

dez	kymmenen	[kymmenen]
onze	yksitoista	[yksi·tojsta]
doze	kaksitoista	[kaksi·tojsta]
treze	kolmetoista	[kolme·tojsta]
catorze	neljätoista	[neljæ·tojsta]

quinze	viisitoista	[ʋiːsi·tojsta]
dezesseis	kuusitoista	[kuːsi·tojsta]
dezessete	seitsemäntoista	[sejtsemæn·tojsta]
dezoito	kahdeksantoista	[kahdeksɑn·tojsta]
dezenove	yhdeksäntoista	[yhdeksæn·tojsta]

vinte	kaksikymmentä	[kaksi·kymmentæ]
vinte e um	kaksikymmentäyksi	[kaksi·kymmentæ·yksi]
vinte e dois	kaksikymmentäkaksi	[kaksi·kymmentæ·kaksi]
vinte e três	kaksikymmentäkolme	[kaksi·kymmentæ·kolme]

trinta	kolmekymmentä	[kolme·kymmentæ]
trinta e um	kolmekymmentäyksi	[kolme·kymmentæ·yksi]
trinta e dois	kolmekymmentäkaksi	[kolme·kymmentæ·kaksi]
trinta e três	kolmekymmentäkolme	[kolme·kymmentæ·kolme]

quarenta	neljäkymmentä	[neljæ·kymmentæ]
quarenta e um	neljäkymmentäyksi	[neljæ·kymmentæ·yksi]
quarenta e dois	neljäkymmentäkaksi	[neljæ·kymmentæ·kaksi]
quarenta e três	neljäkymmentäkolme	[neljæ·kymmentæ·kolme]

cinquenta	viisikymmentä	[ʋiːsi·kymmentæ]
cinquenta e um	viisikymmentäyksi	[ʋiːsi·kymmentæ·yksi]
cinquenta e dois	viisikymmentäkaksi	[ʋiːsi·kymmentæ·kaksi]
cinquenta e três	viisikymmentäkolme	[ʋiːsi·kymmentæ·kolme]

sessenta	kuusikymmentä	[kuːsi·kymmentæ]
sessenta e um	kuusikymmentäyksi	[kuːsi·kymmentæ·yksi]

sessenta e dois	kuusikymmentäkaksi	[ku:si·kymmentæ·kaksi]
sessenta e três	kuusikymmentäkolme	[ku:si·kymmentæ·kolme]

setenta	seitsemänkymmentä	[sejtsemæn·kymmentæ]
setenta e um	seitsemänkymmentäyksi	[sejtsemæn·kymmentæ·yksi]
setenta e dois	seitsemänkymmentäkaksi	[sejtsemæn·kymmentæ·kaksi]
setenta e três	seitsemänkymmentäkolme	[sejtsemæn·kymmentæ kolme]

oitenta	kahdeksankymmentä	[kahdeksan·kymmentæ]
oitenta e um	kahdeksankymmentäyksi	[kahdeksan·kymmentæ·yksi]
oitenta e dois	kahdeksankymmentäkaksi	[kahdeksan·kymmentæ kaksi]
oitenta e três	kahdeksankymmentäkolme	[kahdeksan·kymmentæ kolme]

noventa	yhdeksänkymmentä	[yhdeksæn·kymmentæ]
noventa e um	yhdeksänkymmentäyksi	[yhdeksæn·kymmentæ·yksi]
noventa e dois	yhdeksänkymmentäkaksi	[yhdeksæn·kymmentæ·kaksi]
noventa e três	yhdeksänkymmentäkolme	[yhdeksæn·kymmentæ kolme]

8. Números cardinais. Parte 2

cem	sata	[sata]
duzentos	kaksisataa	[kaksi·sata:]
trezentos	kolmesataa	[kolme·sata:]
quatrocentos	neljäsataa	[neljæ·sata:]
quinhentos	viisisataa	[ui:si·sata:]

seiscentos	kuusisataa	[ku:si·sata:]
setecentos	seitsemänsataa	[sejtsemæn·sata:]
oitocentos	kahdeksansataa	[kahdeksan·sata:]
novecentos	yhdeksänsataa	[yhdeksæn·sata:]

mil	tuhat	[tuħat]
dois mil	kaksituhatta	[kaksi·tuħatta]
três mil	kolmetuhatta	[kolme·tuħatta]
dez mil	kymmenentuhatta	[kymmenen·tuħatta]
cem mil	satatuhatta	[sata·tuħatta]
um milhão	miljoona	[miljo:na]
um bilhão	miljardi	[miljardi]

9. Números ordinais

primeiro (adj)	ensimmäinen	[ensimmæjnen]
segundo (adj)	toinen	[tojnen]
terceiro (adj)	kolmas	[kolmas]
quarto (adj)	neljäs	[neljæs]
quinto (adj)	viides	[ui:des]
sexto (adj)	kuudes	[ku:des]

sétimo (adj)	**seitsemäs**	[sejtsemæs]
oitavo (adj)	**kahdeksas**	[kahdeksɑs]
nono (adj)	**yhdeksäs**	[yhdeksæs]
décimo (adj)	**kymmenes**	[kymmenes]

CORES. UNIDADES DE MEDIDA

10. Cores

cor (f)	väri	[ʋæri]
tom (m)	sävy, värisävy	[sæʋy], [ʋæri·sæʋy]
tonalidade (m)	värisävy	[ʋæri·sæʋy]
arco-íris (m)	sateenkaari	[sɑte:n·kɑ:ri]
branco (adj)	valkoinen	[ʋɑlkojnen]
preto (adj)	musta	[mustɑ]
cinza (adj)	harmaa	[hɑrmɑ:]
verde (adj)	vihreä	[ʋihreæ]
amarelo (adj)	keltainen	[keltɑjnen]
vermelho (adj)	punainen	[punɑjnen]
azul (adj)	sininen	[sininen]
azul claro (adj)	vaaleansininen	[ʋɑ:leɑn·sininen]
rosa (adj)	vaaleanpunainen	[ʋɑ:leɑn·punɑjnen]
laranja (adj)	oranssi	[orɑnssi]
violeta (adj)	violetti	[ʋioletti]
marrom (adj)	ruskea	[ruskeɑ]
dourado (adj)	kultainen	[kultɑjnen]
prateado (adj)	hopeinen	[hopejnen]
bege (adj)	beige	[bejge]
creme (adj)	kermanvärinen	[kermɑn·ʋærinen]
turquesa (adj)	turkoosi	[turko:si]
vermelho cereja (adj)	kirsikanpunainen	[kirsikɑn·punɑjnen]
lilás (adj)	sinipunainen	[sini·punɑjnen]
carmim (adj)	karmiininpunainen	[kɑrmi:nen·punɑjnen]
claro (adj)	vaalea	[ʋɑ:leɑ]
escuro (adj)	tumma	[tummɑ]
vivo (adj)	kirkas	[kirkɑs]
de cor	väri-	[ʋæri]
a cores	väri-	[ʋæri]
preto e branco (adj)	mustavalkoinen	[mustɑ·ʋɑlkojnen]
unicolor (de uma só cor)	yksivärinen	[yksi·ʋærinen]
multicolor (adj)	erivärinen	[eriʋærinen]

11. Unidades de medida

peso (m)	paino	[pɑjno]
comprimento (m)	pituus	[pitu:s]

largura (f)	leveys	[leʋeys]
altura (f)	korkeus	[korkeus]
profundidade (f)	syvyys	[syʋy:s]
volume (m)	tilavuus	[tilaʋu:s]
área (f)	pinta-ala	[pinta·ala]

grama (m)	gramma	[gramma]
miligrama (m)	milligramma	[milligramma]
quilograma (m)	kilo	[kilo]
tonelada (f)	tonni	[tonni]
libra (453,6 gramas)	pauna, naula	[pauna], [naula]
onça (f)	unssi	[unssi]

metro (m)	metri	[metri]
milímetro (m)	millimetri	[millimetri]
centímetro (m)	senttimetri	[senttimetri]
quilômetro (m)	kilometri	[kilometri]
milha (f)	peninkulma	[penin·kulma]

polegada (f)	tuuma	[tu:ma]
pé (304,74 mm)	jalka	[jalka]
jarda (914,383 mm)	jaardi	[ja:rdi]

| metro (m) quadrado | neliömetri | [neliø·metri] |
| hectare (m) | hehtaari | [hehta:ri] |

litro (m)	litra	[litra]
grau (m)	aste	[aste]
volt (m)	voltti	[ʋoltti]
ampère (m)	ampeeri	[ampe:ri]
cavalo (m) de potência	hevosvoima	[heʋos·ʋojma]

quantidade (f)	määrä	[mæ:ræ]
um pouco de ...	vähän	[ʋæɦæn]
metade (f)	puoli	[puoli]
dúzia (f)	tusina	[tusina]
peça (f)	kappale	[kappale]

| tamanho (m), dimensão (f) | koko | [koko] |
| escala (f) | mittakaava | [mitta·ka:ʋa] |

mínimo (adj)	minimaalinen	[minima:linen]
menor, mais pequeno	pienin	[pienin]
médio (adj)	keskikokoinen	[keskikokojnen]
máximo (adj)	maksimaalinen	[maksima:linen]
maior, mais grande	suurin	[su:rin]

12. Recipientes

pote (m) de vidro	lasitölkki	[lasi·tølkki]
lata (~ de cerveja)	purkki	[purkki]
balde (m)	sanko	[saŋko]
barril (m)	tynnyri	[tynnyri]
bacia (~ de plástico)	pesuvati	[pesu·ʋati]

tanque (m)	säiliö	[sæjliø]
cantil (m) de bolso	kenttäpullo	[kenttæ·pullo]
galão (m) de gasolina	jerrykannu	[jerry·kannu]
cisterna (f)	säiliö	[sæjliø]
caneca (f)	muki	[muki]
xícara (f)	kuppi	[kuppi]
pires (m)	teevati	[teːʋati]
copo (m)	juomalasi	[juoma·lasi]
taça (f) de vinho	viinilasi	[ʋiːni·lasi]
panela (f)	kasari, kattila	[kasari], [kattila]
garrafa (f)	pullo	[pullo]
gargalo (m)	pullonkaula	[pulloŋ·kaula]
jarra (f)	karahvi	[karahʋi]
jarro (m)	kannu	[kannu]
recipiente (m)	astia	[astia]
pote (m)	ruukku	[ruːkku]
vaso (m)	vaasi, maljakko	[ʋaːsi], [maljakko]
frasco (~ de perfume)	pullo	[pullo]
frasquinho (m)	pieni pullo	[pjeni pullo]
tubo (m)	tuubi	[tuːbi]
saco (ex. ~ de açúcar)	säkki	[sækki]
sacola (~ plastica)	säkki, pussi	[sækki], [pussi]
maço (de cigarros, etc.)	aski	[aski]
caixa (~ de sapatos, etc.)	laatikko	[laːtikko]
caixote (~ de madeira)	laatikko	[laːtikko]
cesto (m)	kori	[kori]

VERBOS PRINCIPAIS

13. Os verbos mais importantes. Parte 1

abrir (vt)	avata	[aʋata]
acabar, terminar (vt)	lopettaa	[lopetta:]
aconselhar (vt)	neuvoa	[neuʋoa]
adivinhar (vt)	arvata	[arʋata]
advertir (vt)	varoittaa	[ʋarojtta:]
ajudar (vt)	auttaa	[autta:]
almoçar (vi)	syödä lounasta	[syødæ lounasta]
alugar (~ um apartamento)	vuokrata	[ʋuokrata]
amar (pessoa)	rakastaa	[rakasta:]
ameaçar (vt)	uhata	[uhata]
anotar (escrever)	kirjoittaa muistiin	[kirjoitta: mujsti:n]
apressar-se (vr)	pitää kiirettä	[pitæ: ki:rettæ]
arrepender-se (vr)	katua	[katua]
assinar (vt)	allekirjoittaa	[allekirjoitta:]
brincar (vi)	vitsailla	[ʋitsajlla]
brincar, jogar (vi, vt)	leikkiä	[lejkkiæ]
buscar (vt)	etsiä	[etsiæ]
caçar (vi)	metsästää	[metsæstæ:]
cair (vi)	kaatua	[ka:tua]
cavar (vt)	kaivaa	[kajʋa:]
chamar (~ por socorro)	kutsua	[kutsua]
chegar (vi)	saapua	[sa:pua]
chorar (vi)	itkeä	[itkeæ]
começar (vt)	alkaa	[alka:]
comparar (vt)	verrata	[ʋerrata]
concordar (dizer "sim")	suostua	[suostua]
confiar (vt)	luottaa	[luotta:]
confundir (equivocar-se)	sekoittaa	[sekojtta:]
conhecer (vt)	tuntea	[tuntea]
contar (fazer contas)	laskea	[laskea]
contar com ...	luottaa	[luotta:]
continuar (vt)	jatkaa	[jatka:]
controlar (vt)	tarkastaa	[tarkasta:]
convidar (vt)	kutsua	[kutsua]
correr (vi)	juosta	[juosta]
criar (vt)	luoda	[luoda]
custar (vt)	maksaa	[maksa:]

14. Os verbos mais importantes. Parte 2

dar (vt)	antaa	[anta:]
dar uma dica	vihjata	[ʋihjata]
decorar (enfeitar)	koristaa	[korista:]
defender (vt)	puolustaa	[puolusta:]
deixar cair (vt)	pudottaa	[pudotta:]

descer (para baixo)	laskeutua	[laskeutua]
desculpar (vt)	antaa anteeksi	[anta: ante:ksi]
desculpar-se (vr)	pyytää anteeksi	[py:tæ: ante:ksi]
dirigir (~ uma empresa)	johtaa	[johta:]
discutir (notícias, etc.)	käsitellä	[kæsitellæ]

disparar, atirar (vi)	ampua	[ampua]
dizer (vt)	sanoa	[sanoa]
duvidar (vt)	epäillä	[epæjllæ]
encontrar (achar)	löytää	[løytæ:]
enganar (vt)	pettää	[pettæ:]

entender (vt)	ymmärtää	[ymmærtæ:]
entrar (na sala, etc.)	tulla sisään	[tulla sisæ:n]
enviar (uma carta)	lähettää	[læɦettæ:]
errar (enganar-se)	erehtyä	[erehtyæ]
escolher (vt)	valita	[ʋalita]

esconder (vt)	piilotella	[pi:lotella]
escrever (vt)	kirjoittaa	[kirjoitta:]
esperar (aguardar)	odottaa	[odotta:]
esperar (ter esperança)	toivoa	[tojʋoa]
esquecer (vt)	unohtaa	[unohta:]

estudar (vt)	oppia	[oppia]
exigir (vt)	vaatia	[ʋa:tia]
existir (vi)	olla olemassa	[olla olemassa]
explicar (vt)	selittää	[selittæ:]

falar (vi)	keskustella	[keskustella]
faltar (a la escuela, etc.)	olla poissa	[olla pojssa]
fazer (vt)	tehdä	[tehdæ]
ficar em silêncio	olla vaiti	[olla ʋajti]
gabar-se (vr)	kerskua	[kerskua]

gostar (apreciar)	pitää	[pitæ:]
gritar (vi)	huutaa	[hu:ta:]
guardar (fotos, etc.)	pitää, säilyttää	[pitæ:], [sæjlyttæ:]

informar (vt)	tiedottaa	[tiedotta:]
insistir (vi)	vaatia	[ʋa:tia]

insultar (vt)	loukata	[loukata]
interessar-se (vr)	kiinnostua	[ki:nnostua]
ir (a pé)	mennä	[mennæ]
ir nadar	uida	[ujda]
jantar (vi)	illastaa	[illasta:]

15. Os verbos mais importantes. Parte 3

ler (vt)	lukea	[lukea]
libertar, liberar (vt)	vapauttaa	[ʋapautta:]
matar (vt)	murhata	[murhata]
mencionar (vt)	mainita	[majnita]
mostrar (vt)	näyttää	[næyttæ:]

mudar (modificar)	muuttaa	[mu:tta:]
nadar (vi)	uida	[ujda]
negar-se a ... (vr)	kieltäytyä	[kæltæytyæ]
objetar (vt)	vastustaa	[ʋastusta:]

observar (vt)	tarkkailla	[tarkkajlla]
ordenar (mil.)	käskeä	[kæskeæ]
ouvir (vt)	kuulla	[ku:lla]
pagar (vt)	maksaa	[maksa:]
parar (vi)	pysähtyä	[pysæhtyæ]

parar, cessar (vt)	lakata	[lakata]
participar (vi)	osallistua	[osallistua]
pedir (comida, etc.)	tilata	[tilata]
pedir (um favor, etc.)	pyytää	[py:tæ:]
pegar (tomar)	ottaa	[otta:]

pegar (uma bola)	ottaa kiinni	[otta: ki:nni]
pensar (vi, vt)	ajatella	[ajatella]
perceber (ver)	huomata	[huomata]
perdoar (vt)	antaa anteeksi	[anta: ante:ksi]
perguntar (vt)	kysyä	[kysyæ]

permitir (vt)	antaa lupa	[anta: lupa]
pertencer a ... (vi)	kuulua	[ku:lua]
planejar (vt)	suunnitella	[su:nnitella]
poder (~ fazer algo)	voida	[ʋojda]
possuir (uma casa, etc.)	omistaa	[omista:]

preferir (vt)	pitää enemmän	[pitæ: enemmæn]
preparar (vt)	laittaa	[lajtta:]
prever (vt)	odottaa	[odotta:]
prometer (vt)	luvata	[luʋata]
pronunciar (vt)	lausua	[lausua]

propor (vt)	ehdottaa	[ehdotta:]
punir (castigar)	rangaista	[raŋajsta]
quebrar (vt)	rikkoa	[rikkoa]
queixar-se de ...	valittaa	[ʋalitta:]
querer (desejar)	haluta	[haluta]

16. Os verbos mais importantes. Parte 4

ralhar, repreender (vt)	haukkua	[haukkua]
recomendar (vt)	suositella	[suositella]

repetir (dizer outra vez)	**toistaa**	[tojstɑ:]
reservar (~ um quarto)	**varata**	[ʋɑrɑtɑ]
responder (vt)	**vastata**	[ʋɑstɑtɑ]

rezar, orar (vi)	**rukoilla**	[rukojllɑ]
rir (vi)	**nauraa**	[nɑurɑ:]
roubar (vt)	**varastaa**	[ʋɑrɑstɑ:]
saber (vt)	**tietää**	[tietæ:]
sair (~ de casa)	**mennä, tulla ulos**	[mennæ], [tullɑ ulos]

salvar (resgatar)	**pelastaa**	[pelɑstɑ:]
seguir (~ alguém)	**seurata**	[seurɑtɑ]
sentar-se (vr)	**istua, istuutua**	[istuɑ], [istu:tuɑ]
ser necessário	**tarvita**	[tɑrʋitɑ]

ser, estar	**olla**	[ollɑ]
significar (vt)	**tarkoittaa, merkitä**	[tɑrkojttɑ:], [merkitæ]
sorrir (vi)	**hymyillä**	[hymyjllæ]
subestimar (vt)	**aliarvioida**	[ɑliɑrʋiojdɑ]
surpreender-se (vr)	**ihmetellä**	[ihmetellæ]

tentar (~ fazer)	**koettaa**	[koettɑ:]
ter (vt)	**omistaa**	[omistɑ:]
ter fome	**minulla on nälkä**	[minullɑ on nælkæ]

ter medo	**pelätä**	[pelætæ]
ter sede	**minulla on jano**	[minullɑ on jɑno]
tocar (com as mãos)	**koskettaa**	[koskettɑ:]
tomar café da manhã	**syödä aamiaista**	[syødæ ɑ:miɑjstɑ]
trabalhar (vi)	**työskennellä**	[tyøskennellæ]
traduzir (vt)	**kääntää**	[kæ:ntæ:]

unir (vt)	**yhdistää**	[yhdistæ:]
vender (vt)	**myydä**	[my:dæ]
ver (vt)	**nähdä**	[næhdæ]
virar (~ para a direita)	**kääntää**	[kæ:ntæ:]
voar (vi)	**lentää**	[lentæ:]

TEMPO. CALENDÁRIO

17. Dias da semana

segunda-feira (f)	maanantai	[maːnantaj]
terça-feira (f)	tiistai	[tiːstaj]
quarta-feira (f)	keskiviikko	[keskiʋiːkko]
quinta-feira (f)	torstai	[torstaj]
sexta-feira (f)	perjantai	[perjantaj]
sábado (m)	lauantai	[lauantaj]
domingo (m)	sunnuntai	[sunnuntaj]
hoje	tänään	[tænæːn]
amanhã	huomenna	[huomenna]
depois de amanhã	ylihuomenna	[ylihuomenna]
ontem	eilen	[ejlen]
anteontem	toissa päivänä	[tojssa pæjʋænæ]
dia (m)	päivä	[pæjʋæ]
dia (m) de trabalho	työpäivä	[tyø·pæjʋæ]
feriado (m)	juhlapäivä	[juhla·pæjʋæ]
dia (m) de folga	vapaapäivä	[ʋapaːpæjʋæ]
fim (m) de semana	viikonloppu	[ʋiːkon·loppu]
o dia todo	koko päivän	[koko pæjʋæn]
no dia seguinte	ensi päivänä	[ensi pæjʋænæ]
há dois dias	kaksi päivää sitten	[kaksi pæjʋæː sitten]
na véspera	aattona	[aːttona]
diário (adj)	päivittäinen	[pæjʋittæjnen]
todos os dias	joka päivä	[joka pæjʋæ]
semana (f)	viikko	[ʋiːkko]
na semana passada	viime viikolla	[ʋiːme ʋiːkolla]
semana que vem	ensi viikolla	[ensi ʋiːkolla]
semanal (adj)	viikoittainen	[ʋiːkojttajnen]
toda semana	joka viikko	[joka ʋiːkko]
duas vezes por semana	kaksi kertaa viikossa	[kaksi kerta: ʋiːkossa]
toda terça-feira	joka tiistai	[joka tiːstaj]

18. Horas. Dia e noite

manhã (f)	aamu	[aːmu]
de manhã	aamulla	[aːmulla]
meio-dia (m)	puolipäivä	[puoli·pæjʋæ]
à tarde	iltapäivällä	[ilta·pæjʋællæ]
tardinha (f)	ilta	[ilta]
à tardinha	illalla	[illalla]

noite (f)	yö	[yø]
à noite	yöllä	[yøllæ]
meia-noite (f)	puoliyö	[puoli·yø]

segundo (m)	sekunti	[sekunti]
minuto (m)	minuutti	[minu:tti]
hora (f)	tunti	[tunti]
meia hora (f)	puoli tuntia	[puoli tuntiɑ]
quarto (m) de hora	vartti	[ʋartti]
quinze minutos	viisitoista minuuttia	[ʋi:si·tojstɑ minu:ttiɑ]
vinte e quatro horas	vuorokausi	[ʋuoro·kausi]

nascer (m) do sol	auringonnousu	[auriŋon·nousu]
amanhecer (m)	sarastus	[sarastus]
madrugada (f)	varhainen aamu	[ʋarhajnen a:mu]
pôr-do-sol (m)	auringonlasku	[auriŋon·lasku]

de madrugada	aamulla aikaisin	[a:mullɑ ajkɑjsin]
esta manhã	tänä aamuna	[tænæ a:munɑ]
amanhã de manhã	ensi aamuna	[ensi a:munɑ]

esta tarde	tänä päivänä	[tænæ pæjʋænæ]
à tarde	iltapäivällä	[iltɑ·pæjʋællæ]
amanhã à tarde	huomisiltapäivällä	[huomis·iltɑ·pæjʋællæ]

esta noite, hoje à noite	tänä iltana	[tænæ iltɑnɑ]
amanhã à noite	ensi iltana	[ensi iltɑnɑ]

às três horas em ponto	tasan kolmelta	[tasan kolmeltɑ]
por volta das quatro	noin neljältä	[nojn neljæltæ]
às doze	kahdentoista mennessä	[kahdentojstɑ menessæ]

em vinte minutos	kahdenkymmenen minuutin kuluttua	[kahdeŋkymmenen minu:tin kuluttuɑ]
em uma hora	tunnin kuluttua	[tunnin kuluttuɑ]
a tempo	ajoissa	[ajoissɑ]

... um quarto para	varttia vaille	[ʋarttiɑ ʋɑjlle]
dentro de uma hora	tunnin kuluessa	[tunnin kuluessɑ]
a cada quinze minutos	viidentoista minuutin välein	[ʋi:den·tojstɑ minu:tin ʋælejn]
as vinte e quatro horas	ympäri vuorokauden	[ympæri ʋuoro kauden]

19. Meses. Estações

janeiro (m)	tammikuu	[tammiku:]
fevereiro (m)	helmikuu	[helmiku:]
março (m)	maaliskuu	[ma:lisku:]
abril (m)	huhtikuu	[huhtiku:]
maio (m)	toukokuu	[toukoku:]
junho (m)	kesäkuu	[kesæku:]

julho (m)	heinäkuu	[hejnæku:]
agosto (m)	elokuu	[eloku:]

setembro (m)	**syyskuu**	[sy:sku:]
outubro (m)	**lokakuu**	[lokaku:]
novembro (m)	**marraskuu**	[marrasku:]
dezembro (m)	**joulukuu**	[jouluku:]

primavera (f)	**kevät**	[keυæt]
na primavera	**keväällä**	[keυæ:llæ]
primaveril (adj)	**keväinen**	[keυæjnen]

verão (m)	**kesä**	[kesæ]
no verão	**kesällä**	[kesællæ]
de verão	**kesäinen**	[kesæjnen]

outono (m)	**syksy**	[syksy]
no outono	**syksyllä**	[syksyllæ]
outonal (adj)	**syksyinen**	[syksyjnen]

inverno (m)	**talvi**	[talυi]
no inverno	**talvella**	[talυella]
de inverno	**talvinen**	[talυinen]

mês (m)	**kuukausi**	[ku:kausi]
este mês	**tässä kuussa**	[tæssæ ku:ssa]
mês que vem	**ensi kuussa**	[ensi ku:ssa]
no mês passado	**viime kuussa**	[υi:me ku:ssa]

um mês atrás	**kuukausi sitten**	[ku:kausi sitten]
em um mês	**kuukauden kuluttua**	[ku:kauden kuluttua]
em dois meses	**kahden kuukauden kuluttua**	[kahden ku:kauden kuluttua]
todo o mês	**koko kuukauden**	[koko ku:kauden]
um mês inteiro	**koko kuukauden**	[koko ku:kauden]

mensal (adj)	**kuukautinen**	[ku:kautinen]
mensalmente	**kuukausittain**	[ku:kausittajn]
todo mês	**joka kuukausi**	[joka ku:kausi]
duas vezes por mês	**kaksi kertaa kuukaudessa**	[kaksi kerta: ku:kaudessa]

ano (m)	**vuosi**	[υuosi]
este ano	**tänä vuonna**	[tænæ υuonna]
ano que vem	**ensi vuonna**	[ensi υuonna]
no ano passado	**viime vuonna**	[υi:me υuonna]

há um ano	**vuosi sitten**	[υuosi sitten]
em um ano	**vuoden kuluttua**	[υuoden kuluttua]
dentro de dois anos	**kahden vuoden kuluttua**	[kahden υuoden kuluttua]
todo o ano	**koko vuoden**	[koko υuoden]
um ano inteiro	**koko vuoden**	[koko υuoden]

cada ano	**joka vuosi**	[joka υuosi]
anual (adj)	**vuosittainen**	[υuosittajnen]
anualmente	**vuosittain**	[υuosittajn]
quatro vezes por ano	**neljä kertaa vuodessa**	[neljæ kerta: υuodessa]

data (~ de hoje)	**päivämäärä**	[pæjυæ·mæ:ræ]
data (ex. ~ de nascimento)	**päivämäärä**	[pæjυæ·mæ:ræ]

calendário (m)	**kalenteri**	[kalenteri]
meio ano	**puoli vuotta**	[puoli ʋuotta]
seis meses	**vuosipuolisko**	[ʋuosi·puolisko]
estação (f)	**vuodenaika**	[ʋuoden·ajka]
século (m)	**vuosisata**	[ʋuosi·sata]

VIAGENS. HOTEL

20. Viagens

turismo (m)	matkailu	[mɑtkɑjlu]
turista (m)	matkailija	[mɑtkɑjlijɑ]
viagem (f)	matka	[mɑtkɑ]
aventura (f)	seikkailu	[sejkkɑjlu]
percurso (curta viagem)	matka	[mɑtkɑ]

férias (f pl)	loma	[lomɑ]
estar de férias	olla lomalla	[ollɑ lomɑllɑ]
descanso (m)	lepo	[lepo]

trem (m)	juna	[junɑ]
de trem (chegar ~)	junalla	[junɑllɑ]
avião (m)	lentokone	[lento·kone]
de avião	lentokoneella	[lentokone:llɑ]
de carro	autolla	[ɑutollɑ]
de navio	laivalla	[lɑjuɑllɑ]

bagagem (f)	matkatavara	[mɑtkɑ·tɑuɑrɑ]
mala (f)	matkalaukku	[mɑtkɑ·lɑukku]
carrinho (m)	matkatavarakärryt	[mɑtkɑ·tɑuɑrɑt·kærryt]

passaporte (m)	passi	[pɑssi]
visto (m)	viisumi	[ui:sumi]
passagem (f)	lippu	[lippu]
passagem (f) aérea	lentolippu	[lento·lippu]

guia (m) de viagem	opaskirja	[opɑs·kirjɑ]
mapa (m)	kartta	[kɑrttɑ]
área (f)	seutu	[seutu]
lugar (m)	paikka	[pɑjkkɑ]

exotismo (m)	eksoottisuus	[ekso:ttisu:s]
exótico (adj)	eksoottinen	[ekso:ttinen]
surpreendente (adj)	ihmeellinen	[ihme:llinen]

grupo (m)	ryhmä	[ryhmæ]
excursão (f)	ekskursio, retki	[ekskursio], [retki]
guia (m)	opas	[opɑs]

21. Hotel

hotel (m)	hotelli	[hotelli]
motel (m)	motelli	[motelli]
três estrelas	kolme tähteä	[kolme tæhteæ]

| cinco estrelas | viisi tähteä | [ʋi:si tæhteæ] |
| ficar (vi, vt) | oleskella | [oleskella] |

quarto (m)	huone	[huone]
quarto (m) individual	yhden hengen huone	[yhden heŋen huone]
quarto (m) duplo	kahden hengen huone	[kahden heŋen huone]
reservar um quarto	varata huone	[ʋarata huone]

| meia pensão (f) | puolihoito | [puoli·hojto] |
| pensão (f) completa | täysihoito | [tæysi·hojto] |

com banheira	jossa on kylpyamme	[jossa on kylpyamme]
com chuveiro	on suihku	[on sujhku]
televisão (m) por satélite	satelliittitelevisio	[satelli:tti·teleʋisio]
ar (m) condicionado	ilmastointilaite	[ilmastojnti·lajte]
toalha (f)	pyyhe	[py:he]
chave (f)	avain	[aʋajn]

administrador (m)	hallintovirkamies	[hallinto·ʋirka·mies]
camareira (f)	huonesiivooja	[huone·si:ʋo:ja]
bagageiro (m)	kantaja	[kantaja]
porteiro (m)	vahtimestari	[ʋahti·mestari]

restaurante (m)	ravintola	[raʋintola]
bar (m)	baari	[ba:ri]
café (m) da manhã	aamiainen	[a:miajnen]
jantar (m)	illallinen	[illallinen]
bufê (m)	noutopöytä	[nouto·pøytæ]

| saguão (m) | eteishalli | [etejs·halli] |
| elevador (m) | hissi | [hissi] |

| NÃO PERTURBE | ÄLKÄÄ HÄIRITKÖ | [ælkæ: hæjritkø] |
| PROIBIDO FUMAR! | TUPAKOINTI KIELLETTY | [tupakojnti kielletty] |

22. Turismo

monumento (m)	patsas	[patsas]
fortaleza (f)	linna	[linna]
palácio (m)	palatsi	[palatsi]
castelo (m)	linna	[linna]
torre (f)	torni	[torni]
mausoléu (m)	mausoleumi	[mausoleumi]

arquitetura (f)	arkkitehtuuri	[arkkitehtu:ri]
medieval (adj)	keskiaikainen	[keskiajkajnen]
antigo (adj)	vanha	[ʋanha]
nacional (adj)	kansallinen	[kansallinen]
famoso, conhecido (adj)	tunnettu	[tunnettu]

turista (m)	matkailija	[matkajlija]
guia (pessoa)	opas	[opas]
excursão (f)	ekskursio, retki	[ekskursio], [retki]
mostrar (vt)	näyttää	[næyttæ:]

contar (vt)	**kertoa**	[kertoɑ]
encontrar (vt)	**löytää**	[løytæ:]
perder-se (vr)	**hävitä**	[hæʋitæ]
mapa (~ do metrô)	**reittikartta**	[rejtti·kɑrttɑ]
mapa (~ da cidade)	**asemakaava**	[ɑsemɑ·kɑ:ʋɑ]
lembrança (f), presente (m)	**matkamuisto**	[mɑtkɑ·mujsto]
loja (f) de presentes	**matkamuistokauppa**	[mɑtkɑ·mujsto·kɑuppɑ]
tirar fotos, fotografar	**valokuvata**	[ʋɑlokuʋɑtɑ]
fotografar-se (vr)	**valokuvauttaa itsensä**	[ʋɑlokuʋɑuttɑ: itsensæ]

TRANSPORTES

23. Aeroporto

aeroporto (m)	lentoasema	[lento·asema]
avião (m)	lentokone	[lento·kone]
companhia (f) aérea	lentoyhtiö	[lento·yhtiø]
controlador (m) de tráfego aéreo	lennonjohtaja	[lennon·johtaja]
partida (f)	lähtö	[læhtø]
chegada (f)	saapuvat	[sa:puvat]
chegar (vi)	lentää	[lentæ:]
hora (f) de partida	lähtöaika	[læhtø·ajka]
hora (f) de chegada	saapumisaika	[sa:pumis·ajka]
estar atrasado	myöhästyä	[myøhæstyæ]
atraso (m) de voo	lennon viivästyminen	[lennon vi:væstyminen]
painel (m) de informação	tiedotustaulu	[tiedotus·taulu]
informação (f)	tiedotus	[tiedotus]
anunciar (vt)	ilmoittaa	[ilmojtta:]
voo (m)	lento	[lento]
alfândega (f)	tulli	[tulli]
funcionário (m) da alfândega	tullimies	[tullimies]
declaração (f) alfandegária	tullausilmoitus	[tullaus·ilmojtus]
preencher (vt)	täyttää	[tæyttæ:]
preencher a declaração	täyttää tullausilmoitus	[tæyttæ: tullaus ilmojtus]
controle (m) de passaporte	passintarkastus	[passin·tarkastus]
bagagem (f)	matkatavara	[matka·tavara]
bagagem (f) de mão	käsimatkatavara	[kæsi·matka·tavara]
carrinho (m)	matkatavarakärryt	[matka·tavarat·kærryt]
pouso (m)	lasku	[lasku]
pista (f) de pouso	laskurata	[lasku·rata]
aterrissar (vi)	laskeutua	[laskeutua]
escada (f) de avião	laskuportaat	[lasku·porta:t]
check-in (m)	lähtöselvitys	[læhtø·selvitys]
balcão (m) do check-in	rekisteröintitiski	[rekisterøinti·tiski]
fazer o check-in	ilmoittautua	[ilmojttautua]
cartão (m) de embarque	koneeseennousukortti	[kone:se:n·nousu·kortti]
portão (m) de embarque	lentokoneen pääsy	[lento·kone:n pæ:sy]
trânsito (m)	kauttakulku	[kautta·kulku]
esperar (vi, vt)	odottaa	[odotta:]

sala (f) de espera	odotussali	[odotus·sali]
despedir-se (acompanhar)	saattaa ulos	[sɑ:ttɑ: ulos]
despedir-se (dizer adeus)	hyvästellä	[hyvæstellæ]

24. Avião

avião (m)	lentokone	[lento·kone]
passagem (f) aérea	lentolippu	[lento·lippu]
companhia (f) aérea	lentoyhtiö	[lento·yhtiø]
aeroporto (m)	lentoasema	[lento·asema]
supersônico (adj)	yliääni-	[yliæ:ni-]

comandante (m) do avião	lentokoneen päällikkö	[lento·kone:n pæ:llikkø]
tripulação (f)	miehistö	[mæɦistø]
piloto (m)	lentäjä	[lentæjæ]
aeromoça (f)	lentoemäntä	[lento·emæntæ]
copiloto (m)	perämies	[peræmies]

asas (f pl)	siivet	[si:ʋet]
cauda (f)	pyrstö	[pyrstø]
cabine (f)	ohjaamo	[ohjɑ:mo]
motor (m)	moottori	[mo:ttori]

| trem (m) de pouso | laskuteline | [lɑsku·teline] |
| turbina (f) | turbiini | [turbi:ni] |

| hélice (f) | propelli | [propelli] |
| caixa-preta (f) | musta laatikko | [musta lɑ:tikko] |

| coluna (f) de controle | ohjaussauva | [ohjɑus·sɑuʋɑ] |
| combustível (m) | polttoaine | [poltto·ɑjne] |

instruções (f pl) de segurança	turvaohje	[turʋɑ·ohje]
máscara (f) de oxigênio	happinaamari	[happinɑ:mɑri]
uniforme (m)	univormu	[uniʋormu]

| colete (m) salva-vidas | pelastusliivi | [pelɑstus·li:ʋi] |
| paraquedas (m) | laskuvarjo | [lɑsku·ʋarjo] |

decolagem (f)	ilmaannousu	[ilmɑ:n·nousu]
descolar (vi)	nousta ilmaan	[nousta ilmɑ:n]
pista (f) de decolagem	kiitorata	[ki:to·rɑtɑ]

| visibilidade (f) | näkyvyys | [nækyʋy:s] |
| voo (m) | lento | [lento] |

| altura (f) | korkeus | [korkeus] |
| poço (m) de ar | ilmakuoppa | [ilmɑ·kuoppɑ] |

assento (m)	paikka	[pɑjkkɑ]
fone (m) de ouvido	kuulokkeet	[ku:lokke:t]
mesa (f) retrátil	tarjotin	[tɑrjotin]
janela (f)	ikkuna	[ikkunɑ]
corredor (m)	käytävä	[kæytæʋæ]

25. Comboio

trem (m)	juna	[juna]
trem (m) elétrico	sähköjuna	[sæhkø·juna]
trem (m)	pikajuna	[pika·juna]
locomotiva (f) diesel	moottoriveturi	[mo:ttori·veturi]
locomotiva (f) a vapor	höyryveturi	[høyry·veturi]

vagão (f) de passageiros	vaunu	[vaunu]
vagão-restaurante (m)	ravintolavaunu	[ravintola·vaunu]

carris (m pl)	ratakiskot	[rata·kiskot]
estrada (f) de ferro	rautatie	[rauta·tie]
travessa (f)	ratapölkky	[rata·pølkky]

plataforma (f)	asemalaituri	[asema·lajturi]
linha (f)	raide	[rajde]
semáforo (m)	siipiopastin	[si:pi·opastin]
estação (f)	asema	[asema]

maquinista (m)	junankuljettaja	[yneŋ·kuljettaja]
bagageiro (m)	kantaja	[kantaja]
hospedeiro, -a (m, f)	vaununhoitaja	[vaunun·hojtaja]
passageiro (m)	matkustaja	[matkustaja]
revisor (m)	tarkastaja	[tarkastaja]

corredor (m)	käytävä	[kæytæuæ]
freio (m) de emergência	hätäjarru	[hætæ·jarru]

compartimento (m)	vaununosasto	[vaunun·osasto]
cama (f)	vuode	[vuode]
cama (f) de cima	ylävuode	[ylæ·vuode]
cama (f) de baixo	alavuode	[ala·vuode]
roupa (f) de cama	vuodevaatteet	[vuode·va:tte:t]

passagem (f)	lippu	[lippu]
horário (m)	aikataulu	[ajka·taulu]
painel (m) de informação	aikataulu	[ajka·taulu]

partir (vt)	lähteä	[læhteæ]
partida (f)	lähtö	[læhtø]

chegar (vi)	saapua	[sa:pua]
chegada (f)	saapuminen	[sa:puminen]

chegar de trem	tulla junalla	[tulla junalla]
pegar o trem	nousta junaan	[nousta juna:n]
descer de trem	nousta junasta	[nousta junasta]

acidente (m) ferroviário	junaturma	[juna·turma]
descarrilar (vi)	suistua raiteilta	[sujstua rajtejlta]
locomotiva (f) a vapor	höyryveturi	[høyry·veturi]
foguista (m)	lämmittäjä	[læmmittæjæ]
fornalha (f)	tulipesä	[tulipesæ]
carvão (m)	hiili	[hi:li]

26. Barco

navio (m)	laiva	[lajʋa]
embarcação (f)	alus	[alus]
barco (m) a vapor	höyrylaiva	[højry·lajʋa]
barco (m) fluvial	jokilaiva	[joki·lajʋa]
transatlântico (m)	risteilijä	[ristejlijæ]
cruzeiro (m)	risteilijä	[ristejlijæ]
iate (m)	jahti	[jahti]
rebocador (m)	hinausköysi	[hinaus·køysi]
barcaça (f)	proomu	[pro:mu]
ferry (m)	lautta	[lautta]
veleiro (m)	purjealus	[purje·alus]
bergantim (m)	brigantiini	[briganti:ni]
quebra-gelo (m)	jäänmurtaja	[jæ:n·murtaja]
submarino (m)	sukellusvene	[sukellus·ʋene]
bote, barco (m)	jolla	[jolla]
baleeira (bote salva-vidas)	pelastusvene	[pelastus·ʋene]
bote (m) salva-vidas	pelastusvene	[pelastus·ʋene]
lancha (f)	moottorivene	[mo:ttori·ʋene]
capitão (m)	kapteeni	[kapte:ni]
marinheiro (m)	matruusi	[matru:si]
marujo (m)	merimies	[merimies]
tripulação (f)	miehistö	[mæhistø]
contramestre (m)	pursimies	[pursimies]
grumete (m)	laivapoika	[lajʋa·pojka]
cozinheiro (m) de bordo	kokki	[kokki]
médico (m) de bordo	laivalääkäri	[lajʋa·læ:kæri]
convés (m)	kansi	[kansi]
mastro (m)	masto	[masto]
vela (f)	purje	[purje]
porão (m)	ruuma	[ru:ma]
proa (f)	keula	[keula]
popa (f)	perä	[peræ]
remo (m)	airo	[ajro]
hélice (f)	potkuri	[potkuri]
cabine (m)	hytti	[hytti]
sala (f) dos oficiais	upseerimessi	[upse:ri·messi]
sala (f) das máquinas	konehuone	[kone·huone]
ponte (m) de comando	komentosilta	[komento·silta]
sala (f) de comunicações	radiohuone	[radio·huone]
onda (f)	aalto	[a:lto]
diário (m) de bordo	laivapäiväkirja	[lajʋa·pæjʋæ·kirja]
luneta (f)	kaukoputki	[kauko·putki]
sino (m)	kello	[kello]

bandeira (f)	**lippu**	[lippu]
cabo (m)	**köysi**	[køysi]
nó (m)	**solmu**	[solmu]

corrimão (m)	**käsipuu**	[kæsipu:]
prancha (f) de embarque	**laskusilta**	[lɑsku·siltɑ]

âncora (f)	**ankkuri**	[ɑŋkkuri]
recolher a âncora	**nostaa ankkuri**	[nostɑ: ɑŋkkuri]
jogar a âncora	**heittää ankkuri**	[hejttæ: ɑŋkkuri]
amarra (corrente de âncora)	**ankkuriketju**	[ɑŋkkuri·ketju]

porto (m)	**satama**	[sɑtɑmɑ]
cais, amarradouro (m)	**laituri**	[lɑjturi]
atracar (vi)	**kiinnittyä**	[ki:nnittyæ]
desatracar (vi)	**lähteä**	[læhteæ]

viagem (f)	**matka**	[mɑtkɑ]
cruzeiro (m)	**laivamatka**	[lɑjʋɑ·mɑtkɑ]
rumo (m)	**kurssi**	[kurssi]
itinerário (m)	**reitti**	[rejtti]

canal (m) de navegação	**väylä**	[ʋæylæ]
banco (m) de areia	**matalikko**	[mɑtɑlikko]
encalhar (vt)	**ajautua matalikolle**	[ɑjɑutuɑ mɑtɑlikolle]

tempestade (f)	**myrsky**	[myrsky]
sinal (m)	**merkki**	[merkki]
afundar-se (vr)	**upota**	[upotɑ]
Homem ao mar!	**Mies yli laidan!**	[mies yli lɑjdɑn]
SOS	**SOS**	[sos]
boia (f) salva-vidas	**pelastusrengas**	[pelɑstus·reŋɑs]

CIDADE

27. Transportes urbanos

ônibus (m)	bussi	[bussi]
bonde (m) elétrico	raitiovaunu	[rajtio·uaunu]
trólebus (m)	johdinauto	[johdin·auto]
rota (f), itinerário (m)	reitti	[rejtti]
número (m)	numero	[numero]
ir de ... (carro, etc.)	mennä ...	[mennæ]
entrar no ...	nousta	[nousta]
descer do ...	astua ulos	[astua ulos]
parada (f)	pysäkki	[pysækki]
próxima parada (f)	seuraava pysäkki	[seura:ua pysækki]
terminal (m)	pääteasema	[pæ:teasema]
horário (m)	aikataulu	[ajka·taulu]
esperar (vt)	odottaa	[odotta:]
passagem (f)	lippu	[lippu]
tarifa (f)	kyytimaksu	[ky:ti·maksu]
bilheteiro (m)	kassanhoitaja	[kassan·hojtaja]
controle (m) de passagens	tarkastus	[tarkastus]
revisor (m)	tarkastaja	[tarkastaja]
atrasar-se (vr)	myöhästyä	[myøhæstyæ]
perder (o autocarro, etc.)	myöhästyä	[myøhæstyæ]
estar com pressa	olla kiire	[olla ki:re]
táxi (m)	taksi	[taksi]
taxista (m)	taksinkuljettaja	[taksiŋ·kuljettaja]
de táxi (ir ~)	taksilla	[taksilla]
ponto (m) de táxis	taksiasema	[taksi·asema]
chamar um táxi	tilata taksi	[tilata taksi]
pegar um táxi	ottaa taksi	[otta: taksi]
tráfego (m)	liikenne	[li:kenne]
engarrafamento (m)	ruuhka	[ru:hka]
horas (f pl) de pico	ruuhka-aika	[ru:hka·ajka]
estacionar (vi)	pysäköidä	[pysækøjdæ]
estacionar (vt)	pysäköidä	[pysækøjdæ]
parque (m) de estacionamento	parkkipaikka	[parkki·pajkka]
metrô (m)	metro	[metro]
estação (f)	asema	[asema]
ir de metrô	mennä metrolla	[mennæ metrollla]
trem (m)	juna	[juna]
estação (f) de trem	rautatieasema	[rautatie·asema]

28. Cidade. Vida na cidade

cidade (f)	kaupunki	[kɑupuŋki]
capital (f)	pääkaupunki	[pæːkɑupuŋki]
aldeia (f)	kylä	[kylæ]

mapa (m) da cidade	asemakaava	[ɑsemɑ·kɑːʋɑ]
centro (m) da cidade	keskusta	[keskustɑ]
subúrbio (m)	esikaupunki	[esikɑupuŋki]
suburbano (adj)	esikaupunki-	[esikɑupuŋki]

periferia (f)	laitakaupunginosa	[lɑjtɑ·kɑupunginosɑ]
arredores (m pl)	ympäristö	[ympæristø]
quarteirão (m)	kortteli	[kortteli]
quarteirão (m) residencial	asuinkortteli	[ɑsujŋ·kortteli]

tráfego (m)	liikenne	[liːkenne]
semáforo (m)	liikennevalot	[liːkenne·ʋɑlot]
transporte (m) público	julkiset kulkuvälineet	[julkiset kulkuʋæline:t]
cruzamento (m)	risteys	[risteys]

faixa (f)	suojatie	[suojɑtæ]
túnel (m) subterrâneo	alikäytävä	[ɑli·kæytæʋæ]
cruzar, atravessar (vt)	ylittää	[ylittæ:]
pedestre (m)	jalankulkija	[jɑlɑŋkulkijɑ]
calçada (f)	jalkakäytävä	[jɑlkɑ·kæytæʋæ]

ponte (f)	silta	[siltɑ]
margem (f) do rio	rantakatu	[rɑntɑ·kɑtu]
fonte (f)	suihkulähde	[sujhku·læhde]

alameda (f)	lehtikuja	[lehti·kujɑ]
parque (m)	puisto	[pujsto]
bulevar (m)	bulevardi	[buleʋɑrdi]
praça (f)	aukio	[ɑukio]
avenida (f)	valtakatu	[ʋɑltɑ·kɑtu]
rua (f)	katu	[kɑtu]
travessa (f)	kuja	[kujɑ]
beco (m) sem saída	umpikuja	[umpikujɑ]

casa (f)	talo	[tɑlo]
edifício, prédio (m)	rakennus	[rɑkennus]
arranha-céu (m)	pilvenpiirtäjä	[pilʋen·piːrtæjæ]

fachada (f)	julkisivu	[julki·siʋu]
telhado (m)	katto	[kɑtto]
janela (f)	ikkuna	[ikkunɑ]
arco (m)	kaari	[kɑːri]
coluna (f)	pylväs	[pylʋæs]
esquina (f)	kulma	[kulmɑ]

vitrine (f)	näyteikkuna	[næyte·ikkunɑ]
letreiro (m)	kauppakyltti	[kɑuppɑ·kyltti]
cartaz (do filme, etc.)	juliste	[juliste]
cartaz (m) publicitário	mainosjuliste	[mɑjnos·juliste]

painel (m) publicitário	mainoskilpi	[majnos·kilpi]
lixo (m)	jäte	[jæte]
lata (f) de lixo	roskis	[roskis]
jogar lixo na rua	roskata	[roskata]
aterro (m) sanitário	kaatopaikka	[ka:to·pajkka]

orelhão (m)	puhelinkoppi	[puħeliŋ·koppi]
poste (m) de luz	lyhtypylväs	[lyhty·pyluæs]
banco (m)	penkki	[peŋkki]

polícia (m)	poliisi	[poli:si]
polícia (instituição)	poliisi	[poli:si]
mendigo, pedinte (m)	kerjäläinen	[kerjælæjnen]
desabrigado (m)	koditon	[koditon]

29. Instituições urbanas

loja (f)	kauppa	[kauppa]
drogaria (f)	apteekki	[apte:kki]
ótica (f)	optiikka	[opti:kka]
centro (m) comercial	kauppakeskus	[kauppa·keskus]
supermercado (m)	supermarketti	[super·marketti]

padaria (f)	leipäkauppa	[lejpæ·kauppa]
padeiro (m)	leipuri	[lejpuri]
pastelaria (f)	konditoria	[konditoria]
mercearia (f)	sekatavarakauppa	[sekatavara·kauppa]
açougue (m)	lihakauppa	[liħa·kauppa]

fruteira (f)	vihanneskauppa	[uiħannes·kauppa]
mercado (m)	kauppatori	[kauppa·tori]

cafeteria (f)	kahvila	[kahuila]
restaurante (m)	ravintola	[rauintola]
bar (m)	pubi	[pubi]
pizzaria (f)	pizzeria	[pitseria]

salão (m) de cabeleireiro	parturinliike	[parturin·li:ke]
agência (f) dos correios	posti	[posti]
lavanderia (f)	kemiallinen pesu	[kemiallinen pesu]
estúdio (m) fotográfico	valokuvastudio	[ualokuua·studio]

sapataria (f)	kenkäkauppa	[keŋkæ·kauppa]
livraria (f)	kirjakauppa	[kirja·kauppa]
loja (f) de artigos esportivos	urheilukauppa	[urhejlu·kauppa]

costureira (m)	vaatteiden korjaus	[ua:ttejden korjaus]
aluguel (m) de roupa	vaate vuokralle	[ua:te uuokralle]
videolocadora (f)	elokuvien vuokra	[elokuuien uuokra]

circo (m)	sirkus	[sirkus]
jardim (m) zoológico	eläintarha	[elæjn·tarha]
cinema (m)	elokuvateatteri	[elokuua·teatteri]
museu (m)	museo	[museo]

biblioteca (f)	kirjasto	[kirjasto]
teatro (m)	teatteri	[teatteri]
ópera (f)	ooppera	[o:ppera]
boate (casa noturna)	yökerho	[yø·kerho]
cassino (m)	kasino	[kasino]

mesquita (f)	moskeija	[moskeja]
sinagoga (f)	synagoga	[synagoga]
catedral (f)	tuomiokirkko	[tuomio·kirkko]
templo (m)	temppeli	[temppeli]
igreja (f)	kirkko	[kirkko]

faculdade (f)	instituutti	[institu:tti]
universidade (f)	yliopisto	[yli·opisto]
escola (f)	koulu	[koulu]

prefeitura (f)	prefektuuri	[prefektu:ri]
câmara (f) municipal	kaupunginhallitus	[kaupuŋjin·hallitus]
hotel (m)	hotelli	[hotelli]
banco (m)	pankki	[paŋkki]

embaixada (f)	suurlähetystö	[su:r·læɦetystø]
agência (f) de viagens	matkatoimisto	[matka·tojmisto]
agência (f) de informações	neuvontatoimisto	[neuʋonta·tojmisto]
casa (f) de câmbio	valuutanvaihtotoimisto	[ʋalu:tan·ʋajhto·tojmisto]

metrô (m)	metro	[metro]
hospital (m)	sairaala	[sajra:la]

posto (m) de gasolina	bensiiniasema	[bensi:ni·asema]
parque (m) de estacionamento	parkkipaikka	[parkki·pajkka]

30. Sinais

letreiro (m)	kauppakyltti	[kauppa·kyltti]
aviso (m)	kyltti	[kyltti]
cartaz, pôster (m)	juliste, plakaatti	[juliste], [plaka:tti]
placa (f) de direção	osoitin	[osojtin]
seta (f)	nuoli	[nuoli]

aviso (advertência)	varoitus	[ʋarojtus]
sinal (m) de aviso	varoitus	[ʋarojtus]
avisar, advertir (vt)	varoittaa	[ʋarojtta:]

dia (m) de folga	vapaapäivä	[ʋapa:pæɉuæ]
horário (~ dos trens, etc.)	aikataulu	[ajka·taulu]
horário (m)	aukioloaika	[aukiolo·ajka]

BEM-VINDOS!	TERVETULOA!	[terʋetuloa]
ENTRADA	SISÄÄN	[sisæ:n]
SAÍDA	ULOS	[ulos]

EMPURRE	TYÖNNÄ	[tyønnæ]
PUXE	VEDÄ	[ʋedæ]

ABERTO	AUKI	[auki]
FECHADO	KIINNI	[ki:nni]

MULHER	NAISET	[najset]
HOMEM	MIEHET	[miehet]

DESCONTOS	ALE	[ale]
SALDOS, PROMOÇÃO	ALENNUSMYYNTI	[alennus·my:nti]
NOVIDADE!	UUTUUS!	[u:tu:s]
GRÁTIS	ILMAISEKSI	[ilmajseksi]

ATENÇÃO!	HUOMIO!	[huomio]
NÃO HÁ VAGAS	EI OLE TILAA	[ej ole tila:]
RESERVADO	VARATTU	[varattu]

ADMINISTRAÇÃO	HALLINTO	[hallinto]
SOMENTE PESSOAL AUTORIZADO	VAIN HENKILÖKUNNALLE	[vajn heŋkilø·kunnalle]

CUIDADO CÃO FEROZ	VARO KOIRAA!	[varo kojra:]
PROIBIDO FUMAR!	TUPAKOINTI KIELLETTY	[tupakojnti kielletty]
NÃO TOCAR	EI SAA KOSKEA!	[ej sa: koskea]

PERIGOSO	VAARA	[va:ra]
PERIGO	HENGENVAARA	[heŋenva:ra]
ALTA TENSÃO	SUURJÄNNITE	[su:rjænnite]
PROIBIDO NADAR	UIMINEN KIELLETTY	[ujminen kielletty]
COM DEFEITO	EI TOIMI	[ej tojmi]

INFLAMÁVEL	SYTTYVÄ	[syttyuæ]
PROIBIDO	KIELLETTY	[kielletty]
ENTRADA PROIBIDA	LÄPIKULKU KIELLETTY	[læpikulku kielletty]
CUIDADO TINTA FRESCA	ON MAALATTU	[on ma:lattu]

31. Compras

comprar (vt)	ostaa	[osta:]
compra (f)	ostos	[ostos]
fazer compras	käydä ostoksilla	[kæydæ ostoksilla]
compras (f pl)	shoppailu	[ʃoppajlu]

estar aberta (loja)	toimia	[tojmia]
estar fechada	olla kiinni	[olla ki:nni]

calçado (m)	jalkineet	[jalkine:t]
roupa (f)	vaatteet	[va:tte:t]
cosméticos (m pl)	kosmetiikka	[kosmeti:kka]
alimentos (m pl)	ruokatavarat	[ruoka·tavarat]
presente (m)	lahja	[lahja]

vendedor (m)	myyjä	[my:jæ]
vendedora (f)	myyjätär	[my:jætær]
caixa (f)	kassa	[kassa]
espelho (m)	peili	[pejli]

41

| balcão (m) | tiski | [tiski] |
| provador (m) | sovitushuone | [souitus·huone] |

provar (vt)	sovittaa	[souitta:]
servir (roupa, caber)	sopia	[sopia]
gostar (apreciar)	pitää, tykätä	[pitæ:], [tykætæ]

preço (m)	hinta	[hinta]
etiqueta (f) de preço	hintalappu	[hinta·lappu]
custar (vt)	maksaa	[maksa:]
Quanto?	Kuinka paljon?	[kujŋka paljon]
desconto (m)	alennus	[alennus]

não caro (adj)	halpa	[halpa]
barato (adj)	halpa	[halpa]
caro (adj)	kallis	[kallis]
É caro	Se on kallista	[se on kallista]

aluguel (m)	vuokra	[uuokra]
alugar (roupas, etc.)	vuokrata	[uuokrata]
crédito (m)	luotto	[luotto]
a crédito	luotolla	[luotolla]

VESTUÁRIO & ACESSÓRIOS

32. Roupa exterior. Casacos

roupa (f)	vaatteet	[ʋɑːtteːt]
roupa (f) exterior	päällysvaatteet	[pæːllys·ʋɑːtteːt]
roupa (f) de inverno	talvivaatteet	[talʋi·ʋɑːtteːt]
sobretudo (m)	takki	[tɑkki]
casaco (m) de pele	turkki	[turkki]
jaqueta (f) de pele	puoliturkki	[puoli·turkki]
casaco (m) acolchoado	untuvatakki	[untuʋɑ·tɑkki]
casaco (m), jaqueta (f)	takki	[tɑkki]
impermeável (m)	sadetakki	[sɑde·tɑkki]
a prova d'água	vedenpitävä	[ʋeden·pitæʋæ]

33. Vestuário de homem & mulher

camisa (f)	paita	[pɑjtɑ]
calça (f)	housut	[housut]
jeans (m)	farkut	[fɑrkut]
paletó, terno (m)	pikkutakki	[pikku·tɑkki]
terno (m)	puku	[puku]
vestido (ex. ~ de noiva)	leninki	[leniŋki]
saia (f)	hame	[hɑme]
blusa (f)	pusero	[pusero]
casaco (m) de malha	villapusero	[ʋillɑ·pusero]
casaco, blazer (m)	jakku	[jɑkku]
camiseta (f)	T-paita	[te·pɑjtɑ]
short (m)	shortsit, sortsit	[sortsit]
training (m)	urheilupuku	[urhejlu·puku]
roupão (m) de banho	kylpytakki	[kylpy·tɑkki]
pijama (m)	pyjama	[pyjɑmɑ]
suéter (m)	villapaita	[ʋillɑ·pɑjtɑ]
pulôver (m)	neulepusero	[neule·pusero]
colete (m)	liivi	[liːʋi]
fraque (m)	frakki	[frɑkki]
smoking (m)	smokki	[smokki]
uniforme (m)	univormu	[uniʋormu]
roupa (f) de trabalho	työvaatteet	[tyø·ʋɑːtteːt]
macacão (m)	haalari	[hɑːlɑri]
jaleco (m), bata (f)	lääkärintakki	[læːkærin·tɑkki]

34. Vestuário. Roupa interior

roupa (f) íntima	alusvaatteet	[alus·ʋɑ:tte:t]
cueca boxer (f)	bokserit	[bokserit]
calcinha (f)	pikkuhousut	[pikku·housut]
camiseta (f)	aluspaita	[alus·pajta]
meias (f pl)	sukat	[sukɑt]
camisola (f)	yöpuku	[yøpuku]
sutiã (m)	rintaliivit	[rinta·li:ʋit]
meias longas (f pl)	polvisukat	[polʋi·sukɑt]
meias-calças (f pl)	sukkahousut	[sukka·housut]
meias (~ de nylon)	sukat	[sukɑt]
maiô (m)	uimapuku	[ujma·puku]

35. Adereços de cabeça

chapéu (m), touca (f)	hattu	[hattu]
chapéu (m) de feltro	fedora-hattu	[fedora·hattu]
boné (m) de beisebol	lippalakki	[lippa·lakki]
boina (~ italiana)	lakki	[lakki]
boina (ex. ~ basca)	baskeri	[baskeri]
capuz (m)	huppu	[huppu]
chapéu panamá (m)	panamahattu	[panama·hattu]
touca (f)	pipo	[pipo]
lenço (m)	huivi	[huiʋi]
chapéu (m) feminino	naisten hattu	[najsten hattu]
capacete (m) de proteção	suojakypärä	[suoja·kypæræ]
bibico (m)	suikka	[suikka]
capacete (m)	kypärä	[kypæræ]
chapéu-coco (m)	knalli	[knalli]
cartola (f)	silinterihattu	[silinteri·hattu]

36. Calçado

calçado (m)	jalkineet	[jalkine:t]
botinas (f pl), sapatos (m pl)	varsikengät	[ʋarsikeŋæt]
sapatos (de salto alto, etc.)	naisten kengät	[najsten keŋæt]
botas (f pl)	saappaat	[sa:ppɑ:t]
pantufas (f pl)	tossut	[tossut]
tênis (~ Nike, etc.)	lenkkitossut	[leŋkki·tossut]
tênis (~ Converse)	lenkkarit	[leŋkkarit]
sandálias (f pl)	sandaalit	[sanda:lit]
sapateiro (m)	suutari	[su:tari]
salto (m)	korko	[korko]

par (m)	pari	[pari]
cadarço (m)	nauha	[nauħa]
amarrar os cadarços	sitoa kengännauhat	[sitoa keŋænnauħat]
calçadeira (f)	kenkälusikka	[keŋkæ·lusikka]
graxa (f) para calçado	kenkävoide	[keŋkæ·ʋojde]

37. Acessórios pessoais

luva (f)	käsineet	[kæsine:t]
mitenes (f pl)	lapaset	[lapaset]
cachecol (m)	kaulaliina	[kaula·li:na]

óculos (m pl)	silmälasit	[silmæ·lasit]
armação (f)	kehys	[keħys]
guarda-chuva (m)	sateenvarjo	[sate:n·ʋarjo]
bengala (f)	kävelykeppi	[kæʋely·keppi]
escova (f) para o cabelo	hiusharja	[hius·harja]
leque (m)	viuhka	[ʋiuhka]

gravata (f)	solmio	[solmio]
gravata-borboleta (f)	rusetti	[rusetti]
suspensórios (m pl)	henkselit	[heŋkselit]
lenço (m)	nenäliina	[nenæ·li:na]

pente (m)	kampa	[kampa]
fivela (f) para cabelo	hiussolki	[hius·solki]
grampo (m)	hiusneula	[hius·neula]
fivela (f)	solki	[solki]

cinto (m)	vyö	[ʋyø]
alça (f) de ombro	hihna	[hihna]

bolsa (f)	laukku	[laukku]
bolsa (feminina)	käsilaukku	[kæsi·laukku]
mochila (f)	reppu	[reppu]

38. Vestuário. Diversos

moda (f)	muoti	[muoti]
na moda (adj)	muodikas	[muodikas]
estilista (m)	mallisuunnittelija	[malli·su:nnittelija]

colarinho (m)	kaulus	[kaulus]
bolso (m)	tasku	[tasku]
de bolso	tasku-	[tasku]
manga (f)	hiha	[hiħa]
ganchinho (m)	raksi	[raksi]
bragueta (f)	halkio	[halkio]

zíper (m)	vetoketju	[ʋeto·ketju]
colchete (m)	kiinnitin	[ki:nnitin]
botão (m)	nappi	[nappi]

botoeira (casa de botão)	napinläpi	[napin·læpi]
soltar-se (vr)	irrota	[irrota]

costurar (vi)	ommella	[ommella]
bordar (vt)	kirjoa	[kirjoa]
bordado (m)	kirjonta	[kirjonta]
agulha (f)	neula	[neula]
fio, linha (f)	lanka	[laŋka]
costura (f)	sauma	[sauma]

sujar-se (vr)	tahraantua	[tahra:ntua]
mancha (f)	tahra	[tahra]
amarrotar-se (vr)	rypistyä	[rypistyæ]
rasgar (vt)	repiä	[repiæ]
traça (f)	koi	[koj]

39. Cuidados pessoais. Cosméticos

pasta (f) de dente	hammastahna	[hammas·tahna]
escova (f) de dente	hammasharja	[hammas·harja]
escovar os dentes	harjata hampaita	[harjata hampajta]

gilete (f)	partahöylä	[parta·høylæ]
creme (m) de barbear	partavaahdoke	[parta·ua:hdoke]
barbear-se (vr)	ajaa parta	[aja: parta]

sabonete (m)	saippua	[sajppua]
xampu (m)	sampoo	[sampo:]

tesoura (f)	sakset	[sakset]
lixa (f) de unhas	kynsiviila	[kynsi·ui:la]
corta-unhas (m)	kynsileikkuri	[kynsi·lejkkuri]
pinça (f)	pinsetit	[pinsetit]

cosméticos (m pl)	meikki	[mejkki]
máscara (f)	kasvonaamio	[kasuo·na:mio]
manicure (f)	manikyyri	[maniky:ri]
fazer as unhas	hoitaa kynsiä	[hojta: kynsiæ]
pedicure (f)	jalkahoito	[jalka·hojto]

bolsa (f) de maquiagem	meikkipussi	[mejkki·pussi]
pó (de arroz)	puuteri	[pu:teri]
pó (m) compacto	puuterirasia	[pu:teri·rasia]
blush (m)	poskipuna	[poski·puna]

perfume (m)	parfyymi	[parfy:mi]
água-de-colônia (f)	eau de toilette, hajuvesi	[o·de·tualet], [haju·uesi]
loção (f)	kasvovesi	[kasuo·uesi]
colônia (f)	kölninvesi	[kølnin·uesi]

sombra (f) de olhos	luomiväri	[luomi·uæri]
delineador (m)	rajauskynä	[rajaus·kynæ]
máscara (f), rímel (m)	ripsiväri	[ripsi·uæri]
batom (m)	huulipuna	[hu:li·puna]

esmalte (m)	kynsilakka	[kynsi·lakka]
laquê (m), spray fixador (m)	hiuslakka	[hius·lakka]
desodorante (m)	deodorantti	[deodorantti]

creme (m)	voide	[ʋojde]
creme (m) de rosto	kasvovoide	[kasʋo·ʋojde]
creme (m) de mãos	käsivoide	[kæsi·ʋojde]
creme (m) antirrugas	ryppyvoide	[ryppy·ʋojde]
creme (m) de dia	päivävoide	[pæjʋæ·ʋojde]
creme (m) de noite	yövoide	[yø·ʋojde]
de dia	päivä-	[pæjʋæ]
da noite	yö-	[yø]

absorvente (m) interno	tamponi	[tamponi]
papel (m) higiênico	vessapaperi	[ʋessa·paperi]
secador (m) de cabelo	hiustenkuivaaja	[hiusteŋ·kujʋa:ja]

40. Relógios de pulso. Relógios

relógio (m) de pulso	rannekello	[ranne·kello]
mostrador (m)	kellotaulu	[kello·taulu]
ponteiro (m)	osoitin	[osojtin]
bracelete (em aço)	metalliranneke	[metalli·ranneke]
bracelete (em couro)	ranneke	[ranneke]

pilha (f)	paristo	[paristo]
acabar (vi)	olla tyhjä	[olla tyhjæ]
trocar a pilha	vaihtaa paristo	[ʋajhta: paristo]
estar adiantado	edistää	[edistæ:]
estar atrasado	jätättää	[ætættæ:]

relógio (m) de parede	seinäkello	[sejnæ·kello]
ampulheta (f)	tiimalasi	[ti:malasi]
relógio (m) de sol	aurinkokello	[auriŋko·kello]
despertador (m)	herätyskello	[herætys·kello]
relojoeiro (m)	kelloseppä	[kello·seppæ]
reparar (vt)	korjata	[korjata]

EXPERIÊNCIA DO QUOTIDIANO

41. Dinheiro

dinheiro (m)	raha, rahat	[raɦa], [raɦat]
câmbio (m)	valuutanvaihto	[ʋalu:tan·ʋajhto]
taxa (f) de câmbio	kurssi	[kurssi]
caixa (m) eletrônico	pankkiautomaatti	[paŋkki·automa:tti]
moeda (f)	kolikko	[kolikko]
dólar (m)	dollari	[dollari]
euro (m)	euro	[euro]
lira (f)	liira	[li:ra]
marco (m)	markka	[markka]
franco (m)	frangi	[fraŋi]
libra (f) esterlina	punta	[punta]
iene (m)	jeni	[jeni]
dívida (f)	velka	[ʋelka]
devedor (m)	velallinen	[ʋelallinen]
emprestar (vt)	lainata jollekulle	[lajnata jolekulle]
pedir emprestado	lainata joltakulta	[lajnata joltakulta]
banco (m)	pankki	[paŋkki]
conta (f)	tili	[tili]
depositar (vt)	tallettaa	[talletta:]
depositar na conta	tallettaa rahaa tilille	[talletta: raɦa: tilille]
sacar (vt)	nostaa rahaa tililtä	[nosta: raɦa: tililta]
cartão (m) de crédito	luottokortti	[luotto·kortti]
dinheiro (m) vivo	käteinen	[kætejnen]
cheque (m)	sekki	[sekki]
passar um cheque	kirjoittaa shekki	[kirjoitta: ʃekki]
talão (m) de cheques	sekkivihko	[sekki·ʋihko]
carteira (f)	lompakko	[lompakko]
niqueleira (f)	kukkaro	[kukkaro]
cofre (m)	kassakaappi	[kassa·ka:ppi]
herdeiro (m)	perillinen	[perillinen]
herança (f)	perintö	[perintø]
fortuna (riqueza)	varallisuus	[ʋarallisu:s]
arrendamento (m)	vuokraus	[ʋuokraus]
aluguel (pagar o ~)	asuntovuokra	[asunto·ʋuokra]
alugar (vt)	vuokrata	[ʋuokrata]
preço (m)	hinta	[hinta]
custo (m)	hinta	[hinta]

soma (f)	summa	[summɑ]
gastar (vt)	kuluttaa	[kuluttɑ:]
gastos (m pl)	kulut	[kulut]
economizar (vi)	säästäväisesti	[sæ:stæʋæjsesti]
econômico (adj)	säästäväinen	[sæ:stæʋæjnen]

pagar (vt)	maksaa	[mɑksɑ:]
pagamento (m)	maksu	[mɑksu]
troco (m)	vaihtoraha	[ʋɑjhto·rɑɦɑ]

imposto (m)	vero	[ʋero]
multa (f)	sakko	[sɑkko]
multar (vt)	sakottaa	[sɑkottɑ:]

42. Correios. Serviço postal

agência (f) dos correios	posti	[posti]
correio (m)	posti	[posti]
carteiro (m)	postinkantaja	[postiŋ·kɑntɑjɑ]
horário (m)	virka-aika	[ʋirkɑ·ɑjkɑ]

carta (f)	kirje	[kirje]
carta (f) registada	kirjattu kirje	[kirjɑttu kirje]
cartão (m) postal	postikortti	[posti·kortti]
telegrama (m)	sähke	[sæhke]
encomenda (f)	paketti	[pɑketti]
transferência (f) de dinheiro	rahalähetys	[rɑɦɑ·læɦetys]

receber (vt)	vastaanottaa	[ʋɑstɑ:nottɑ:]
enviar (vt)	lähettää	[læɦettæ:]
envio (m)	lähettäminen	[læɦettæminen]
endereço (m)	osoite	[osojte]
código (m) postal	postinumero	[posti·numero]
remetente (m)	lähettäjä	[læɦettæjæ]
destinatário (m)	saaja, vastaanottaja	[sɑ:jɑ], [ʋɑstɑ:nottɑjɑ]

nome (m)	nimi	[nimi]
sobrenome (m)	sukunimi	[suku·nimi]
tarifa (f)	hinta, tariffi	[hintɑ], [tɑriffi]
ordinário (adj)	tavallinen	[tɑʋɑllinen]
econômico (adj)	edullinen	[edullinen]

peso (m)	paino	[pɑjno]
pesar (estabelecer o peso)	punnita	[punnitɑ]
envelope (m)	kirjekuori	[kirje·kuori]
selo (m) postal	postimerkki	[posti·merkki]
colar o selo	liimata postimerkki	[li:mɑtɑ posti·merkki]

43. Banca

banco (m)	pankki	[pɑŋkki]
balcão (f)	osasto	[osɑsto]

consultor (m) bancário	neuvoja	[neuʋoja]
gerente (m)	johtaja	[johtaja]

conta (f)	tili	[tili]
número (m) da conta	tilinumero	[tili·numero]
conta (f) corrente	käyttötili	[kæyttø·tili]
conta (f) poupança	säästötili	[sæ:stø·tili]

abrir uma conta	avata tili	[aʋata tili]
fechar uma conta	kuolettaa tili	[kuoletta: tili]
depositar na conta	tallettaa rahaa tilille	[talletta: raɦa: tilille]
sacar (vt)	nostaa rahaa tililtä	[nosta: raɦa: tililta]

depósito (m)	talletus	[talletus]
fazer um depósito	tallettaa	[talletta:]
transferência (f) bancária	rahansiirto	[raɦan·si:rto]
transferir (vt)	siirtää	[si:rtæ:]

soma (f)	summa	[summa]
Quanto?	paljonko	[paljoŋko]

assinatura (f)	allekirjoitus	[alle·kirjoitus]
assinar (vt)	allekirjoittaa	[allekirjoitta:]

cartão (m) de crédito	luottokortti	[luotto·kortti]
senha (f)	koodi	[ko:di]
número (m) do cartão de crédito	luottokortin numero	[luotto·kortin numero]
caixa (m) eletrônico	pankkiautomaatti	[paŋkki·automa:tti]

cheque (m)	sekki	[sekki]
passar um cheque	kirjoittaa sekki	[kirjoitta: sekki]
talão (m) de cheques	sekkivihko	[sekki·ʋihko]

empréstimo (m)	laina	[lajna]
pedir um empréstimo	hakea lainaa	[hakea lajna:]
obter empréstimo	saada lainaa	[sa:da lajna:]
dar um empréstimo	antaa lainaa	[anta: lajna:]
garantia (f)	takuu	[taku:]

44. Telefone. Conversação telefônica

telefone (m)	puhelin	[puɦelin]
celular (m)	matkapuhelin	[matka·puɦelin]
secretária (f) eletrônica	puhelinvastaaja	[puɦelin·ʋasta:ja]

fazer uma chamada	soittaa	[sojtta:]
chamada (f)	soitto, puhelu	[sojtto], [puɦelu]

discar um número	valita numero	[ʋalita numero]
Alô!	Hei!	[hej]
perguntar (vt)	kysyä	[kysyæ]
responder (vt)	vastata	[ʋastata]
ouvir (vt)	kuulla	[ku:lla]

bem	hyvin	[hyʋin]
mal	huonosti	[huonosti]
ruído (m)	häiriöt	[hæjriøt]

fone (m)	kuuloke	[ku:loke]
pegar o telefone	nostaa luuri	[nosta: lu:ri]
desligar (vi)	lopettaa puhelu	[lopetta: puħelu]

ocupado (adj)	varattu	[ʋarattu]
tocar (vi)	soittaa	[sojtta:]
lista (f) telefônica	puhelinluettelo	[puħelin·luettelo]

local (adj)	paikallis-	[pajkallis]
chamada (f) local	paikallispuhelu	[pajkallis·puħelu]
de longa distância	kauko-	[kauko]
chamada (f) de longa distância	kaukopuhelu	[kauko·puħelu]
internacional (adj)	ulkomaa	[ulkoma:]
chamada (f) internacional	ulkomaanpuhelu	[ulkoma:n·puħelu]

45. Telefone móvel

celular (m)	matkapuhelin	[matka·puħelin]
tela (f)	näyttö	[næyttø]
botão (m)	näppäin	[næppæjn]
cartão SIM (m)	SIM-kortti	[sim·kortti]

bateria (f)	paristo	[paristo]
descarregar-se (vr)	olla tyhjä	[olla tyhjæ]
carregador (m)	laturi	[laturi]

menu (m)	valikko	[ʋalikko]
configurações (f pl)	asetukset	[asetukset]
melodia (f)	melodia	[melodia]
escolher (vt)	valita	[ʋalita]

calculadora (f)	laskin	[laskin]
correio (m) de voz	puhelinvastaaja	[puħelin·ʋasta:ja]
despertador (m)	herätyskello	[herætys·kello]
contatos (m pl)	puhelinluettelo	[puħelin·luettelo]

mensagem (f) de texto	tekstiviesti	[teksti·ʋiesti]
assinante (m)	tilaaja	[tila:ja]

46. Estacionário

caneta (f)	täytekynä	[tæyte·kynæ]
caneta (f) tinteiro	sulkakynä	[sulka·kynæ]

lápis (m)	lyijykynä	[lyjy·kynæ]
marcador (m) de texto	korostuskynä	[korostus·kynæ]
caneta (f) hidrográfica	huopakynä	[huopa·kynæ]

| bloco (m) de notas | lehtiö | [lehtiø] |
| agenda (f) | päiväkirja | [pæjʋæ·kirja] |

régua (f)	viivoitin	[ʋi:ʋojtin]
calculadora (f)	laskin	[laskin]
borracha (f)	kumi	[kumi]
alfinete (m)	nasta	[nasta]
clipe (m)	paperiliitin	[paperi·li:tin]

cola (f)	liima	[li:ma]
grampeador (m)	nitoja	[nitoja]
furador (m) de papel	rei'itin	[rej·itin]
apontador (m)	teroitin	[terojtin]

47. Línguas estrangeiras

língua (f)	kieli	[kieli]
estrangeiro (adj)	vieras	[ʋieras]
língua (f) estrangeira	vieras kieli	[ʋieras kieli]
estudar (vt)	opiskella	[opiskella]
aprender (vt)	opetella	[opetella]

ler (vt)	lukea	[lukea]
falar (vi)	puhua	[puɦua]
entender (vt)	ymmärtää	[ymmærtæ:]
escrever (vt)	kirjoittaa	[kirjoitta:]

rapidamente	nopeasti	[nopeasti]
devagar, lentamente	hitaasti	[hita:sti]
fluentemente	sujuvasti	[sujuʋasti]

regras (f pl)	säännöt	[sæ:nnøt]
gramática (f)	kielioppi	[kieli·oppi]
vocabulário (m)	sanasto	[sanasto]
fonética (f)	fonetiikka	[foneti:kka]

livro (m) didático	oppikirja	[oppi·kirja]
dicionário (m)	sanakirja	[sana·kirja]
manual (m) autodidático	itseopiskeluopas	[itseopiskelu·opas]
guia (m) de conversação	fraasisanakirja	[fra:si·sana·kirja]

fita (f) cassete	kasetti	[kasetti]
videoteipe (m)	videokasetti	[ʋideo·kasetti]
CD (m)	CD-levy	[sede·leʋy]
DVD (m)	DVD-levy	[deʋede·leʋy]

alfabeto (m)	aakkoset	[a:kkoset]
soletrar (vt)	kirjoittaa	[kirjoitta:]
pronúncia (f)	artikulaatio	[artikula:tio]

sotaque (m)	korostus	[korostus]
com sotaque	vieraasti korostaen	[ʋiera:sti korostaen]
sem sotaque	ilman korostusta	[ilman korostusta]
palavra (f)	sana	[sana]

sentido (m)	merkitys	[merkitys]
curso (m)	kurssi	[kurssi]
inscrever-se (vr)	ilmoittautua	[ilmojttautua]
professor (m)	opettaja	[opettaja]

tradução (processo)	kääntäminen	[kæ:ntæminen]
tradução (texto)	käännös	[kæ:nnøs]
tradutor (m)	kääntäjä	[kæ:ntæjæ]
intérprete (m)	tulkki	[tulkki]

| poliglota (m) | monikielinen | [moni·kielinen] |
| memória (f) | muisti | [mujsti] |

REFEIÇÕES. RESTAURANTE

48. Por a mesa

colher (f)	lusikka	[lusikka]
faca (f)	veitsi	[ʋejtsi]
garfo (m)	haarukka	[hɑ:rukkɑ]
xícara (f)	kuppi	[kuppi]
prato (m)	lautanen	[lautanen]
pires (m)	teevati	[te:ʋati]
guardanapo (m)	lautasliina	[lautas·li:na]
palito (m)	hammastikku	[hammas·tikku]

49. Restaurante

restaurante (m)	ravintola	[raʋintola]
cafeteria (f)	kahvila	[kahʋila]
bar (m), cervejaria (f)	baari	[bɑ:ri]
salão (m) de chá	teehuone	[te:huone]
garçom (m)	tarjoilija	[tarjoilija]
garçonete (f)	tarjoilijatar	[tarjoilijatar]
barman (m)	baarimestari	[bɑ:ri·mestari]
cardápio (m)	ruokalista	[ruoka·lista]
lista (f) de vinhos	viinilista	[ʋi:ni·lista]
reservar uma mesa	varata pöytä	[ʋarata pøytæ]
prato (m)	ruokalaji	[ruoka·laji]
pedir (vt)	tilata	[tilata]
fazer o pedido	tilata	[tilata]
aperitivo (m)	aperitiivi	[aperiti:ʋi]
entrada (f)	alkupala	[alku·pala]
sobremesa (f)	jälkiruoka	[jælki·ruoka]
conta (f)	lasku	[lasku]
pagar a conta	maksaa lasku	[maksa: lasku]
dar o troco	antaa vaihtorahaa	[anta: ʋajhtoraha:]
gorjeta (f)	juomaraha	[juoma·raha]

50. Refeições

comida (f)	ruoka	[ruoka]
comer (vt)	syödä	[syødæ]

café (m) da manhã	aamiainen	[ɑ:miɑjnen]
tomar café da manhã	syödä aamiaista	[syødæ ɑ:miɑjstɑ]
almoço (m)	lounas	[lounɑs]
almoçar (vi)	syödä lounasta	[syødæ lounɑstɑ]
jantar (m)	illallinen	[illɑllinen]
jantar (vi)	syödä illallista	[syødæ illɑllistɑ]

apetite (m)	ruokahalu	[ruokɑ·hɑlu]
Bom apetite!	Hyvää ruokahalua!	[hyʋæ: ruokɑɦɑluɑ]

abrir (~ uma lata, etc.)	avata	[ɑʋɑtɑ]
derramar (~ líquido)	läikyttää	[læjkyttæ:]
derramar-se (vr)	läikkyä	[læjkkyæ]

ferver (vi)	kiehua	[kieɦuɑ]
ferver (vt)	keittää	[kejttæ:]
fervido (adj)	keitetty	[kejtetty]
esfriar (vt)	jäähdyttää	[jæ:hdyttæ:]
esfriar-se (vr)	jäähtyä	[jæ:htyæ]

sabor, gosto (m)	maku	[mɑku]
fim (m) de boca	sivumaku	[siʋu·mɑku]

emagrecer (vi)	olla dieetillä	[ollɑ die:tilæ]
dieta (f)	dieetti	[die:ti]
vitamina (f)	vitamiini	[ʋitɑmi:ni]
caloria (f)	kalori	[kɑlori]
vegetariano (m)	kasvissyöjä	[kɑsʋissyøjæ]
vegetariano (adj)	kasvis-	[kɑsʋis]

gorduras (f pl)	rasvat	[rɑsʋɑt]
proteínas (f pl)	proteiinit	[protei:nit]
carboidratos (m pl)	hiilihydraatit	[hi:li·hydrɑ:tit]
fatia (~ de limão, etc.)	viipale	[ʋi:pɑle]
pedaço (~ de bolo)	pala, viipale	[pɑlɑ], [ʋi:pɑle]
migalha (f), farelo (m)	muru	[muru]

51. Pratos cozinhados

prato (m)	ruokalaji	[ruokɑ·lɑji]
cozinha (~ portuguesa)	keittiö	[kejttiø]
receita (f)	resepti	[resepti]
porção (f)	annos	[ɑnnos]

salada (f)	salaatti	[sɑlɑ:tti]
sopa (f)	keitto	[kejtto]

caldo (m)	liemi	[liemi]
sanduíche (m)	voileipä	[ʋoj·lejpæ]
ovos (m pl) fritos	paistettu muna	[pɑjstettu munɑ]

hambúrguer (m)	hampurilainen	[hɑmpurilɑjnen]
bife (m)	pihvi	[pihʋi]
acompanhamento (m)	lisäke	[lisæke]

espaguete (m)	spagetti	[spagetti]
purê (m) de batata	perunasose	[peruna·sose]
pizza (f)	pizza	[pitsa]
mingau (m)	puuro	[pu:ro]
omelete (f)	munakas	[munakas]

fervido (adj)	keitetty	[kejtetty]
defumado (adj)	savustettu	[savustettu]
frito (adj)	paistettu	[pajstettu]
seco (adj)	kuivattu	[kujvattu]
congelado (adj)	jäädytetty	[jæ:dytetty]
em conserva (adj)	säilötty	[sæjløtty]

doce (adj)	makea	[makea]
salgado (adj)	suolainen	[suolajnen]
frio (adj)	kylmä	[kylmæ]
quente (adj)	kuuma	[ku:ma]
amargo (adj)	karvas	[karvas]
gostoso (adj)	maukas	[maukas]

cozinhar em água fervente	keittää	[kejttæ:]
preparar (vt)	laittaa ruokaa	[lajtta: ruoka:]
fritar (vt)	paistaa	[pajsta:]
aquecer (vt)	lämmittää	[læmmittæ:]

salgar (vt)	suolata	[suolata]
apimentar (vt)	pippuroida	[pippurojda]
ralar (vt)	raastaa	[ra:sta:]
casca (f)	kuori	[kuori]
descascar (vt)	kuoria	[kuoria]

52. Comida

carne (f)	liha	[liha]
galinha (f)	kana	[kana]
frango (m)	kananpoika	[kanan·pojka]
pato (m)	ankka	[aŋkka]
ganso (m)	hanhi	[hanhi]
caça (f)	riista	[ri:sta]
peru (m)	kalkkuna	[kalkkuna]

carne (f) de porco	sianliha	[sian·liha]
carne (f) de vitela	vasikanliha	[vasikan·liha]
carne (f) de carneiro	lampaanliha	[lampa:n·liha]
carne (f) de vaca	naudanliha	[naudan·liha]
carne (f) de coelho	kaniini	[kani:ni]

linguiça (f), salsichão (m)	makkara	[makkara]
salsicha (f)	nakki	[nakki]
bacon (m)	pekoni	[pekoni]
presunto (m)	kinkku	[kiŋkku]
pernil (m) de porco	savustettu kinkku	[savustettu kiŋkku]
patê (m)	patee	[pate:]
fígado (m)	maksa	[maksa]

guisado (m)	jauheliha	[jauɦe·liɦa]
língua (f)	kieli	[kieli]

ovo (m)	muna	[muna]
ovos (m pl)	munat	[munat]
clara (f) de ovo	valkuainen	[ʋalku·ajnen]
gema (f) de ovo	keltuainen	[keltuajnen]

peixe (m)	kala	[kala]
mariscos (m pl)	meren antimet	[meren antimet]
crustáceos (m pl)	äyriäiset	[æyriæjset]
caviar (m)	kaviaari	[kaʋia:ri]

caranguejo (m)	kuningasrapu	[kuniŋas·rapu]
camarão (m)	katkarapu	[katkarapu]
ostra (f)	osteri	[osteri]
lagosta (f)	langusti	[laŋusti]
polvo (m)	meritursas	[meri·tursas]
lula (f)	kalmari	[kalmari]

esturjão (m)	sampi	[sampi]
salmão (m)	lohi	[loɦi]
halibute (m)	pallas	[pallas]

bacalhau (m)	turska	[turska]
cavala, sarda (f)	makrilli	[makrilli]
atum (m)	tonnikala	[tonnikala]
enguia (f)	ankerias	[aŋkerias]

truta (f)	taimen	[tajmen]
sardinha (f)	sardiini	[sardi:ni]
lúcio (m)	hauki	[hauki]
arenque (m)	silli	[silli]

pão (m)	leipä	[lejpæ]
queijo (m)	juusto	[ju:sto]
açúcar (m)	sokeri	[sokeri]
sal (m)	suola	[suola]

arroz (m)	riisi	[ri:si]
massas (f pl)	pasta, makaroni	[pasta], [makaroni]
talharim, miojo (m)	nuudeli	[nu:deli]

manteiga (f)	voi	[ʋoj]
óleo (m) vegetal	kasviöljy	[kasʋi·øljy]
óleo (m) de girassol	auringonkukkaöljy	[auriŋon·kukka·øljy]
margarina (f)	margariini	[margari:ni]

azeitonas (f pl)	oliivit	[oli:ʋit]
azeite (m)	oliiviöljy	[oli:ʋi·øljy]

leite (m)	maito	[majto]
leite (m) condensado	maitotiiviste	[majto·ti:ʋiste]
iogurte (m)	jogurtti	[jogurtti]
creme (m) azedo	hapankerma	[hapan·kerma]
creme (m) de leite	kerma	[kerma]

| maionese (f) | majoneesi | [majone:si] |
| creme (m) | kreemi | [kre:mi] |

grãos (m pl) de cereais	suurimot	[su:rimot]
farinha (f)	jauhot	[jauĥot]
enlatados (m pl)	säilyke	[sæjlyke]

flocos (m pl) de milho	maissimurot	[majssi·murot]
mel (m)	hunaja	[hunaja]
geleia (m)	hillo	[hillo]
chiclete (m)	purukumi	[puru·kumi]

53. Bebidas

água (f)	vesi	[ʋesi]
água (f) potável	juomavesi	[juoma·ʋesi]
água (f) mineral	kivennäisvesi	[kiʋennæjs·ʋesi]

sem gás (adj)	ilman hiilihappoa	[ilman hi:li·happoa]
gaseificada (adj)	hiilihappovettä	[hi:li·happoʋetta]
com gás	hiilihappoinen	[hi:li·happojnen]
gelo (m)	jää	[jæ:]
com gelo	jään kanssa	[jæ:n kanssa]

não alcoólico (adj)	alkoholiton	[alkoĥoliton]
refrigerante (m)	alkoholiton juoma	[alkoĥoliton juoma]
refresco (m)	virvoitusjuoma	[ʋirʋojtus·juoma]
limonada (f)	limonadi	[limonadi]

bebidas (f pl) alcoólicas	alkoholijuomat	[alkoĥoli·juomat]
vinho (m)	viini	[ʋi:ni]
vinho (m) branco	valkoviini	[ʋalko·ʋi:ni]
vinho (m) tinto	punaviini	[puna·ʋi:ni]

licor (m)	likööri	[likø:ri]
champanhe (m)	samppanja	[samppanja]
vermute (m)	vermutti	[ʋermutti]

uísque (m)	viski	[ʋiski]
vodca (f)	votka, vodka	[ʋotka], [ʋodka]
gim (m)	gini	[gini]
conhaque (m)	konjakki	[konjakki]
rum (m)	rommi	[rommi]

café (m)	kahvi	[kahʋi]
café (m) preto	musta kahvi	[musta kahʋi]
café (m) com leite	maitokahvi	[majto·kahʋi]
cappuccino (m)	cappuccino	[kaputʃi:no]
café (m) solúvel	murukahvi	[muru·kahʋi]

leite (m)	maito	[majto]
coquetel (m)	cocktail	[koktejl]
batida (f), milkshake (m)	pirtelö	[pirtelø]
suco (m)	mehu	[meĥu]

suco (m) de tomate	tomaattimehu	[toma:tti·mehu]
suco (m) de laranja	appelsiinimehu	[appelsi:ni·mehu]
suco (m) fresco	tuoremehu	[tuore·mehu]

cerveja (f)	olut	[olut]
cerveja (f) clara	vaalea olut	[va:lea olut]
cerveja (f) preta	tumma olut	[tumma olut]

chá (m)	tee	[te:]
chá (m) preto	musta tee	[musta te:]
chá (m) verde	vihreä tee	[vihreæ te:]

54. Vegetais

| vegetais (m pl) | vihannekset | [vihannekset] |
| verdura (f) | lehtikasvikset | [lehti·kasvikset] |

tomate (m)	tomaatti	[toma:tti]
pepino (m)	kurkku	[kurkku]
cenoura (f)	porkkana	[porkkana]
batata (f)	peruna	[peruna]
cebola (f)	sipuli	[sipuli]
alho (m)	valkosipuli	[valko·sipuli]

| couve (f) | kaali | [ka:li] |
| couve-flor (f) | kukkakaali | [kukka·ka:li] |

| couve-de-bruxelas (f) | brysselinkaali | [brysseliŋ·ka:li] |
| brócolis (m pl) | parsakaali | [parsa·ka:li] |

beterraba (f)	punajuuri	[puna·ju:ri]
berinjela (f)	munakoiso	[muna·kojso]
abobrinha (f)	kesäkurpitsa	[kesæ·kurpitsa]

| abóbora (f) | kurpitsa | [kurpitsa] |
| nabo (m) | nauris | [nauris] |

salsa (f)	persilja	[persilja]
endro, aneto (m)	tilli	[tilli]
alface (f)	lehtisalaatti	[lehti·sala:tti]
aipo (m)	selleri	[selleri]

| aspargo (m) | parsa | [parsa] |
| espinafre (m) | pinaatti | [pina:tti] |

| ervilha (f) | herne | [herne] |
| feijão (~ soja, etc.) | pavut | [pavut] |

| milho (m) | maissi | [majssi] |
| feijão (m) roxo | pavut | [pavut] |

pimentão (m)	paprika	[paprika]
rabanete (m)	retiisi	[reti:si]
alcachofra (f)	artisokka	[artisokka]

55. Frutos. Nozes

fruta (f)	hedelmä	[hedelmæ]
maçã (f)	omena	[omena]
pera (f)	päärynä	[pæ:rynæ]
limão (m)	sitruuna	[sitru:na]
laranja (f)	appelsiini	[appelsi:ni]
morango (m)	mansikka	[mansikka]
tangerina (f)	mandariini	[mandari:ni]
ameixa (f)	luumu	[lu:mu]
pêssego (m)	persikka	[persikka]
damasco (m)	aprikoosi	[apriko:si]
framboesa (f)	vadelma	[uadelma]
abacaxi (m)	ananas	[ananas]
banana (f)	banaani	[bana:ni]
melancia (f)	vesimeloni	[uesi·meloni]
uva (f)	viinirypäleet	[ui:ni·rypæle:t]
ginja (f)	hapankirsikka	[hapan·kirsikka]
cereja (f)	linnunkirsikka	[linnun·kirsikka]
melão (m)	meloni	[meloni]
toranja (f)	greippi	[grejppi]
abacate (m)	avokado	[auokado]
mamão (m)	papaija	[papaija]
manga (f)	mango	[maŋo]
romã (f)	granaattiomena	[grana:tti·omena]
groselha (f) vermelha	punaherukka	[puna·herukka]
groselha (f) negra	mustaherukka	[musta·herukka]
groselha (f) espinhosa	karviainen	[karuiajnen]
mirtilo (m)	mustikka	[mustikka]
amora (f) silvestre	karhunvatukka	[karhun·uatukka]
passa (f)	rusina	[rusina]
figo (m)	viikuna	[ui:kuna]
tâmara (f)	taateli	[ta:teli]
amendoim (m)	maapähkinä	[ma:pæhkinæ]
amêndoa (f)	manteli	[manteli]
noz (f)	saksanpähkinä	[saksan·pæhkinæ]
avelã (f)	hasselpähkinä	[hassel·pæhkinæ]
coco (m)	kookospähkinä	[ko:kos·pæhkinæ]
pistaches (m pl)	pistaasi	[pista:si]

56. Pão. Bolaria

pastelaria (f)	konditoriatuotteet	[konditorja·tuotte:t]
pão (m)	leipä	[lejpæ]
biscoito (m), bolacha (f)	keksit	[keksit]
chocolate (m)	suklaa	[sukla:]
de chocolate	suklaa-	[sukla:]

bala (f)	karamelli	[karamelli]
doce (bolo pequeno)	leivos	[lejʋos]
bolo (m) de aniversário	kakku	[kakku]

| torta (f) | piirakka | [pi:rakka] |
| recheio (m) | täyte | [tæyte] |

geleia (m)	hillo	[hillo]
marmelada (f)	marmeladi	[marmeladi]
wafers (m pl)	vohvelit	[ʋohʋelit]
sorvete (m)	jäätelö	[jæ:telø]
pudim (m)	vanukas	[vanukas]

57. Especiarias

sal (m)	suola	[suola]
salgado (adj)	suolainen	[suolajnen]
salgar (vt)	suolata	[suolata]

pimenta-do-reino (f)	musta pippuri	[musta pippuri]
pimenta (f) vermelha	kuuma pippuri	[ku:ma pippuri]
mostarda (f)	sinappi	[sinappi]
raiz-forte (f)	piparjuuri	[pipar·ju:ri]

condimento (m)	höyste	[høyste]
especiaria (f)	mauste	[mauste]
molho (~ inglês)	kastike	[kastike]
vinagre (m)	etikka	[etikka]

anis estrelado (m)	anis	[anis]
manjericão (m)	basilika	[basilika]
cravo (m)	neilikka	[nejlikka]
gengibre (m)	inkivääri	[iŋkiʋæ:ri]
coentro (m)	korianteri	[korianteri]
canela (f)	kaneli	[kaneli]

gergelim (m)	seesami	[se:sami]
folha (f) de louro	laakerinlehti	[la:kerin·lehti]
páprica (f)	paprika	[paprika]
cominho (m)	kumina	[kumina]
açafrão (m)	sahrami	[sahrami]

INFORMAÇÃO PESSOAL. FAMÍLIA

58. Informação pessoal. Formulários

nome (m)	nimi	[nimi]
sobrenome (m)	sukunimi	[suku·nimi]
data (f) de nascimento	syntymäpäivä	[syntymæ·pæjʋæ]
local (m) de nascimento	syntymäpaikka	[syntymæ·pajkka]
nacionalidade (f)	kansallisuus	[kansallisu:s]
lugar (m) de residência	asuinpaikka	[asujn·pajkka]
país (m)	maa	[ma:]
profissão (f)	ammatti	[ammatti]
sexo (m)	sukupuoli	[suku·puoli]
estatura (f)	pituus	[pitu:s]
peso (m)	paino	[pajno]

59. Membros da família. Parentes

mãe (f)	äiti	[æjti]
pai (m)	isä	[isæ]
filho (m)	poika	[pojka]
filha (f)	tytär	[tytær]
caçula (f)	nuorempi tytär	[nuorempi tytær]
caçula (m)	nuorempi poika	[nuorempi pojka]
filha (f) mais velha	vanhempi tytär	[ʋanhempi tytær]
filho (m) mais velho	vanhempi poika	[ʋanhempi pojka]
irmão (m)	veli	[ʋeli]
irmão (m) mais velho	vanhempi veli	[ʋanhempi ʋeli]
irmão (m) mais novo	nuorempi veli	[nuorempi ʋeli]
irmã (f)	sisar	[sisar]
irmã (f) mais velha	vanhempi sisar	[ʋanhempi sisar]
irmã (f) mais nova	nuorempi sisar	[nuorempi sisar]
primo (m)	serkku	[serkku]
prima (f)	serkku	[serkku]
mamãe (f)	äiti	[æjti]
papai (m)	isä	[isæ]
pais (pl)	vanhemmat	[ʋanhemmat]
criança (f)	lapsi	[lapsi]
crianças (f pl)	lapset	[lapset]
avó (f)	isoäiti	[iso·æjti]
avô (m)	isoisä	[iso·isæ]
neto (m)	lapsenlapsi	[lapsen·lapsi]

| neta (f) | lapsenlapsi | [lapsen·lapsi] |
| netos (pl) | lastenlapset | [lasten·lapset] |

tio (m)	setä	[setæ]
tia (f)	täti	[tæti]
sobrinho (m)	veljenpoika	[veljen·pojka]
sobrinha (f)	sisarenpoika	[sisaren·pojka]

sogra (f)	anoppi	[anoppi]
sogro (m)	appi	[appi]
genro (m)	vävy	[væʋy]
madrasta (f)	äitipuoli	[æjti·puoli]
padrasto (m)	isäpuoli	[isæ·puoli]

criança (f) de colo	rintalapsi	[rinta·lapsi]
bebê (m)	vauva	[ʋauʋa]
menino (m)	lapsi, pienokainen	[lapsi], [pienokajnen]

mulher (f)	vaimo	[ʋajmo]
marido (m)	mies	[mies]
esposo (m)	aviomies	[aʋiomies]
esposa (f)	aviovaimo	[aʋioʋajmo]

casado (adj)	naimisissa	[najmisissa]
casada (adj)	naimisissa	[najmisissa]
solteiro (adj)	naimaton	[najmaton]
solteirão (m)	poikamies	[pojkamies]
divorciado (adj)	eronnut	[eronnut]
viúva (f)	leski	[leski]
viúvo (m)	leski	[leski]

parente (m)	sukulainen	[sukulajnen]
parente (m) próximo	lähisukulainen	[læɦi·sukulajnen]
parente (m) distante	kaukainen sukulainen	[kaukajnen sukulajnen]
parentes (m pl)	sukulaiset	[sukulajset]

órfão (m), órfã (f)	orpo	[orpo]
tutor (m)	holhooja	[holho:ja]
adotar (um filho)	adoptoida	[adoptojda]
adotar (uma filha)	adoptoida	[adoptojda]

60. Amigos. Colegas de trabalho

amigo (m)	ystävä	[ystæʋæ]
amiga (f)	ystävätär	[ystæʋætær]
amizade (f)	ystävyys	[ystæʋy:s]
ser amigos	olla ystäviä	[olla ystæʋiæ]

amigo (m)	kaveri	[kaʋeri]
amiga (f)	kaveri	[kaʋeri]
parceiro (m)	partneri	[partneri]

| chefe (m) | esimies | [esimies] |
| superior (m) | päällikkö | [pæ:llikkø] |

proprietário (m)	**omistaja**	[omistɑjɑ]
subordinado (m)	**alainen**	[ɑlɑjnen]
colega (m, f)	**virkatoveri**	[ʋirkɑ·toʋeri]
conhecido (m)	**tuttava**	[tuttɑʋɑ]
companheiro (m) de viagem	**matkakumppani**	[mɑtkɑ·kumppɑni]
colega (m) de classe	**luokkatoveri**	[luokkɑ·toʋeri]
vizinho (m)	**naapuri**	[nɑːpuri]
vizinha (f)	**naapuri**	[nɑːpuri]
vizinhos (pl)	**naapurit**	[nɑːpurit]

CORPO HUMANO. MEDICINA

61. Cabeça

cabeça (f)	pää	[pæ:]
rosto, cara (f)	kasvot	[kasʋot]
nariz (m)	nenä	[nenæ]
boca (f)	suu	[su:]
olho (m)	silmä	[silmæ]
olhos (m pl)	silmät	[silmæt]
pupila (f)	silmäterä	[silmæ·teræ]
sobrancelha (f)	kulmakarva	[kulma·karʋa]
cílio (f)	ripsi	[ripsi]
pálpebra (f)	silmäluomi	[silmæ·luomi]
língua (f)	kieli	[kieli]
dente (m)	hammas	[hammas]
lábios (m pl)	huulet	[hu:let]
maçãs (f pl) do rosto	poskipäät	[poski·pæ:t]
gengiva (f)	ien	[ien]
palato (m)	kitalaki	[kitalaki]
narinas (f pl)	sieraimet	[sierajmet]
queixo (m)	leuka	[leuka]
mandíbula (f)	leukaluu	[leuka·lu:]
bochecha (f)	poski	[poski]
testa (f)	otsa	[otsa]
têmpora (f)	ohimo	[ohimo]
orelha (f)	korva	[korʋa]
costas (f pl) da cabeça	niska	[niska]
pescoço (m)	kaula	[kaula]
garganta (f)	kurkku	[kurkku]
cabelo (m)	hiukset	[hiukset]
penteado (m)	kampaus	[kampaus]
corte (m) de cabelo	kampaus	[kampaus]
peruca (f)	tekotukka	[teko·tukka]
bigode (m)	viikset	[ʋi:kset]
barba (f)	parta	[parta]
ter (~ barba, etc.)	pitää	[pitæ:]
trança (f)	letti	[letti]
suíças (f pl)	poskiparta	[poski·parta]
ruivo (adj)	punatukkainen	[puna·tukkajnen]
grisalho (adj)	harmaa	[harma:]
careca (adj)	kalju	[kalju]
calva (f)	kaljuus	[kalju:s]

rabo-de-cavalo (m)	poninhäntä	[ponin·hæntæ]
franja (f)	otsatukka	[otsa·tukka]

62. Corpo humano

mão (f)	käsi	[kæsi]
braço (m)	käsivarsi	[kæsi·ʋarssi]

dedo (m)	sormi	[sormi]
dedo (m) do pé	varvas	[ʋarʋas]
polegar (m)	peukalo	[peukalo]
dedo (m) mindinho	pikkusormi	[pikku·sormi]
unha (f)	kynsi	[kynsi]

punho (m)	nyrkki	[nyrkki]
palma (f)	kämmen	[kæmmen]
pulso (m)	ranne	[ranne]
antebraço (m)	kyynärvarsi	[ky:nær·ʋarsi]
cotovelo (m)	kyynärpää	[ky:nær·pæ:]
ombro (m)	hartia	[hartia]

perna (f)	jalka	[jalka]
pé (m)	jalkaterä	[jalka·teræ]
joelho (m)	polvi	[polʋi]
panturrilha (f)	pohje	[pohje]
quadril (m)	reisi	[rejsi]
calcanhar (m)	kantapää	[kantapæ:]

corpo (m)	vartalo	[ʋartalo]
barriga (f), ventre (m)	maha	[maha]
peito (m)	rinta	[rinta]
seio (m)	rinnat	[rinnat]
lado (m)	kylki	[kylki]
costas (dorso)	selkä	[selkæ]
região (f) lombar	ristiselkä	[risti·selkæ]
cintura (f)	vyötärö	[ʋyøtærø]

umbigo (m)	napa	[napa]
nádegas (f pl)	pakarat	[pakarat]
traseiro (m)	takapuoli	[taka·puoli]

sinal (m), pinta (f)	luomi	[luomi]
sinal (m) de nascença	syntymämerkki	[syntymæ·merkki]
tatuagem (f)	tatuointi	[tatuojnti]
cicatriz (f)	arpi	[arpi]

63. Doenças

doença (f)	sairaus	[sajraus]
estar doente	sairastaa	[sajrasta:]
saúde (f)	terveys	[terʋeys]
nariz (m) escorrendo	nuha	[nuha]

amigdalite (f)	angiina	[aŋi:na]
resfriado (m)	vilustuminen	[ʋilustuminen]
ficar resfriado	vilustua	[ʋilustua]
bronquite (f)	keuhkokatarri	[keuhko·katarri]
pneumonia (f)	keuhkotulehdus	[keuhko·tulehdus]
gripe (f)	influenssa	[influenssa]
míope (adj)	likinäköinen	[likinækøjnen]
presbita (adj)	kaukonäköinen	[kaukonækøjnen]
estrabismo (m)	kierosilmäisyys	[kiero·silmæjsy:s]
estrábico, vesgo (adj)	kiero	[kiero]
catarata (f)	harmaakaihi	[harma:kajhi]
glaucoma (m)	silmänpainetauti	[silmæn·pajne·tauti]
AVC (m), apoplexia (f)	aivoinfarkti	[ajʋo·infarkti]
ataque (m) cardíaco	infarkti	[infarkti]
enfarte (m) do miocárdio	sydäninfarkti	[sydæn·infarkti]
paralisia (f)	halvaus	[halʋaus]
paralisar (vt)	halvauttaa	[halʋautta:]
alergia (f)	allergia	[allergia]
asma (f)	astma	[astma]
diabetes (f)	diabetes	[diabetes]
dor (f) de dente	hammassärky	[hammas·særky]
cárie (f)	hammasmätä	[hammas·mætæ]
diarreia (f)	ripuli	[ripuli]
prisão (f) de ventre	ummetus	[ummetus]
desarranjo (m) intestinal	vatsavaiva	[ʋatsa·ʋajʋa]
intoxicação (f) alimentar	ruokamyrkytys	[ruoka·myrkytys]
intoxicar-se	myrkyttyä	[myrkyttyæ]
artrite (f)	niveltulehdus	[niʋel·tulehdus]
raquitismo (m)	riisitauti	[ri:sitati]
reumatismo (m)	reuma	[reuma]
arteriosclerose (f)	ateroskleroosi	[aterosklero:si]
gastrite (f)	mahakatarri	[maɦa·katarri]
apendicite (f)	umpilisäketulehdus	[umpilisæke·tulehdus]
colecistite (f)	kolekystiitti	[kolekysti:tti]
úlcera (f)	haavauma	[ha:ʋauma]
sarampo (m)	tuhkarokko	[tuhka·rokko]
rubéola (f)	vihurirokko	[ʋiɦuri·rokko]
icterícia (f)	keltatauti	[kelta·tauti]
hepatite (f)	hepatiitti	[hepati:tti]
esquizofrenia (f)	jakomielisyys	[jakomielisy:s]
raiva (f)	raivotauti	[rajʋo·tauti]
neurose (f)	neuroosi	[neuro:si]
contusão (f) cerebral	aivotärähdys	[ajʋo·tæræhdys]
câncer (m)	syöpä	[syøpæ]
esclerose (f)	skleroosi	[sklero:si]

esclerose (f) múltipla	multippeliskleroosi	[multippeli·sklero:si]
alcoolismo (m)	alkoholismi	[alkoħolismi]
alcoólico (m)	alkoholisti	[alkoħolisti]
sífilis (f)	kuppa, syfilis	[kuppa], [sifilis]
AIDS (f)	AIDS	[ajds]

tumor (m)	kasvain	[kasʋajn]
maligno (adj)	pahanlaatuinen	[paħan·la:jtunen]
benigno (adj)	hyvänlaatuinen	[hyʋænla:tunen]

febre (f)	kuume	[ku:me]
malária (f)	malaria	[malaria]
gangrena (f)	kuolio	[kuolio]
enjoo (m)	merisairaus	[meri·sajraus]
epilepsia (f)	epilepsia	[epilepsia]

epidemia (f)	epidemia	[epidemia]
tifo (m)	lavantauti	[laʋan·tauti]
tuberculose (f)	tuberkuloosi	[tuberkulo:si]
cólera (f)	kolera	[kolera]
peste (f) bubônica	rutto	[rutto]

64. Sintomas. Tratamentos. Parte 1

sintoma (m)	oire	[ojre]
temperatura (f)	kuume	[ku:me]
febre (f)	korkea kuume	[korkea ku:me]
pulso (m)	pulssi, syke	[pulssi], [syke]

vertigem (f)	huimaus	[hujmaus]
quente (testa, etc.)	kuuma	[ku:ma]
calafrio (m)	vilunväristys	[ʋilun·væristys]
pálido (adj)	kalpea	[kalpea]

tosse (f)	yskä	[yskæ]
tossir (vi)	yskiä	[yskiæ]
espirrar (vi)	aivastella	[ajʋastella]
desmaio (m)	pyörtyminen	[pyørtyminen]
desmaiar (vi)	pyörtyä	[pyørtyæ]

mancha (f) preta	mustelma	[mustelma]
galo (m)	kuhmu	[kuhmu]
machucar-se (vr)	loukkaantua	[loukka:ntua]
contusão (f)	ruhje	[ruhje]
machucar-se (vr)	loukkaantua	[loukka:ntua]

mancar (vi)	ontua	[ontua]
deslocamento (f)	sijoiltaanmeno	[sijoilta:nmeno]
deslocar (vt)	siirtää sijoiltaan	[si:rtæ: sijoilta:n]
fratura (f)	murtuma	[murtuma]
fraturar (vt)	saada murtuma	[sa:da murtuma]

corte (m)	leikkaushaava	[lejkkaus·ha:ʋa]
cortar-se (vr)	leikata	[lejkata]

hemorragia (f)	verenvuoto	[ʋeren·ʋuoto]
queimadura (f)	palohaava	[palo·hɑ:ʋa]
queimar-se (vr)	polttaa itse	[poltta: itse]

picar (vt)	pistää	[pistæ:]
picar-se (vr)	pistää itseä	[pistæ: itseæ]
lesionar (vt)	vahingoittaa	[ʋɑhiŋojtta:]
lesão (m)	vamma, vaurio	[ʋɑmma], [ʋɑurio]
ferida (f), ferimento (m)	haava	[hɑ:ʋa]
trauma (m)	trauma, vamma	[trɑuma], [ʋɑmma]

delirar (vi)	hourailla	[hourɑjlla]
gaguejar (vi)	änkyttää	[æŋkyttæ:]
insolação (f)	auringonpistos	[auriŋon·pistos]

65. Sintomas. Tratamentos. Parte 2

dor (f)	kipu	[kipu]
farpa (no dedo, etc.)	tikku	[tikku]

suor (m)	hiki	[hiki]
suar (vi)	hikoilla	[hikojlla]
vômito (m)	oksennus	[oksennus]
convulsões (f pl)	kouristukset	[kouristukset]

grávida (adj)	raskaana oleva	[rɑska:na oleʋa]
nascer (vi)	syntyä	[syntyæ]
parto (m)	synnytys	[synnytys]
dar à luz	synnyttää	[synnyttæ:]
aborto (m)	raskaudenkeskeytys	[raskauden·keskeytys]

respiração (f)	hengitys	[heŋitys]
inspiração (f)	sisäänhengitys	[sisæ:n·heŋitys]
expiração (f)	uloshengitys	[ulos·heŋitys]
expirar (vi)	hengittää ulos	[heŋittæ: ulos]
inspirar (vi)	hengittää sisään	[hengittæ: sisæ:n]

inválido (m)	invalidi	[inʋalidi]
aleijado (m)	rampa	[rɑmpa]
drogado (m)	narkomaani	[nɑrkoma:ni]

surdo (adj)	kuuro	[ku:ro]
mudo (adj)	mykkä	[mykkæ]
surdo-mudo (adj)	kuuromykkä	[ku:ro·mykkæ]

louco, insano (adj)	mielenvikainen	[mielen·ʋikajnen]
louco (m)	hullu	[hullu]
louca (f)	hullu	[hullu]
ficar louco	tulla hulluksi	[tulla hulluksi]

gene (m)	geeni	[ge:ni]
imunidade (f)	immuniteetti	[immunite:tti]
hereditário (adj)	perintö-	[perintø]
congênito (adj)	synnynnäinen	[synnynnæjnen]

vírus (m)	virus	[ʋirus]
micróbio (m)	mikrobi	[mikrobi]
bactéria (f)	bakteeri	[bakteːri]
infecção (f)	infektio, tartunta	[infektio], [tartunta]

66. Sintomas. Tratamentos. Parte 3

hospital (m)	sairaala	[sajraːla]
paciente (m)	potilas	[potilas]
diagnóstico (m)	diagnoosi	[diagnoːsi]
cura (f)	lääkintä	[læːkintæ]
tratamento (m) médico	hoito	[hojto]
curar-se (vr)	saada hoitoa	[saːda hojtoa]
tratar (vt)	hoitaa	[hojtaː]
cuidar (pessoa)	hoitaa	[hojtaː]
cuidado (m)	hoito	[hojto]
operação (f)	leikkaus	[lejkkaus]
enfaixar (vt)	sitoa	[sitoa]
enfaixamento (m)	sidonta	[sidonta]
vacinação (f)	rokotus	[rokotus]
vacinar (vt)	rokottaa	[rokottaː]
injeção (f)	injektio	[injektio]
dar uma injeção	tehdä pisto	[tehdæ pisto]
ataque (~ de asma, etc.)	kohtaus	[kohtaus]
amputação (f)	amputaatio	[amputaːtio]
amputar (vt)	amputoida	[amputojda]
coma (f)	kooma	[koːma]
estar em coma	olla koomassa	[olla koːmassa]
reanimação (f)	teho-osasto	[teho·osasto]
recuperar-se (vr)	parantua	[parantua]
estado (~ de saúde)	terveydentila	[terʋeyden·tila]
consciência (perder a ~)	tajunta	[tajunta]
memória (f)	muisti	[mujsti]
tirar (vt)	poistaa	[pojstaː]
obturação (f)	paikka	[pajkka]
obturar (vt)	paikata	[pajkata]
hipnose (f)	hypnoosi	[hypnoːsi]
hipnotizar (vt)	hypnotisoida	[hypnotisojda]

67. Medicina. Drogas. Acessórios

medicamento (m)	lääke	[læːke]
remédio (m)	lääke	[læːke]
receitar (vt)	määrätä	[mæːrætæ]
receita (f)	resepti	[resepti]

comprimido (m)	**tabletti**	[tabletti]
unguento (m)	**voide**	[ʋojde]
ampola (f)	**ampulli**	[ɑmpulli]
solução, preparado (m)	**liuos**	[liuos]
xarope (m)	**siirappi**	[siːrɑppi]
cápsula (f)	**pilleri**	[pilleri]
pó (m)	**jauhe**	[jɑuɦe]
atadura (f)	**side**	[side]
algodão (m)	**vanu**	[ʋɑnu]
iodo (m)	**jodi**	[jodi]
curativo (m) adesivo	**laastari**	[laːstɑri]
conta-gotas (m)	**pipetti**	[pipetti]
termômetro (m)	**kuumemittari**	[kuːme·mittɑri]
seringa (f)	**ruisku**	[rujsku]
cadeira (f) de rodas	**pyörätuoli**	[pyøræ·tuoli]
muletas (f pl)	**kainalosauvat**	[kɑjnɑlo·sɑuʋɑt]
analgésico (m)	**puudutusaine**	[puːdutus·ɑjne]
laxante (m)	**ulostuslääke**	[ulostus·læːke]
álcool (m)	**sprii**	[spriː]
ervas (f pl) medicinais	**lääkeyrtti**	[læːke·yrtti]
de ervas (chá ~)	**yrtti-**	[yrtti]

APARTAMENTO

68. Apartamento

apartamento (m)	asunto	[ɑsunto]
quarto, cômodo (m)	huone	[huone]
quarto (m) de dormir	makuuhuone	[mɑku:huone]
sala (f) de jantar	ruokailuhuone	[ruokɑjlu·huone]
sala (f) de estar	vierashuone	[ʋierɑs·huone]
escritório (m)	työhuone	[tyø·huone]
sala (f) de entrada	eteinen	[etejnen]
banheiro (m)	kylpyhuone	[kylpy·huone]
lavabo (m)	vessa	[ʋessɑ]
teto (m)	sisäkatto	[sisæ·kɑtto]
chão, piso (m)	lattia	[lɑttiɑ]
canto (m)	nurkka	[nurkkɑ]

69. Mobiliário. Interior

mobiliário (m)	huonekalut	[huone·kɑlut]
mesa (f)	pöytä	[pøytæ]
cadeira (f)	tuoli	[tuoli]
cama (f)	sänky	[sæŋky]
sofá, divã (m)	sohva	[sohʋɑ]
poltrona (f)	nojatuoli	[nojɑ·tuoli]
estante (f)	kaappi	[kɑ:ppi]
prateleira (f)	hylly	[hylly]
guarda-roupas (m)	vaatekaappi	[ʋɑ:te·kɑ:ppi]
cabide (m) de parede	ripustin	[ripustin]
cabideiro (m) de pé	naulakko	[nɑulɑkko]
cômoda (f)	lipasto	[lipɑsto]
mesinha (f) de centro	sohvapöytä	[sohʋɑ·pøjtæ]
espelho (m)	peili	[pejli]
tapete (m)	matto	[mɑtto]
tapete (m) pequeno	pieni matto	[pjeni mɑtto]
lareira (f)	takka	[tɑkkɑ]
vela (f)	kynttilä	[kynttilæ]
castiçal (m)	kynttilänjalka	[kynttilæn·jɑlkɑ]
cortinas (f pl)	kaihtimet	[kɑjhtimet]
papel (m) de parede	tapetit	[tɑpetit]

persianas (f pl)	rullaverhot	[rulle·ʋerhot]
luminária (f) de mesa	pöytälamppu	[pøytæ·lamppu]
luminária (f) de parede	seinävalaisin	[sejna·ʋalajsin]
abajur (m) de pé	lattialamppu	[lattia·lamppu]
lustre (m)	kattokruunu	[katto·kru:nu]
pé (de mesa, etc.)	jalka	[jalka]
braço, descanso (m)	käsinoja	[kæsi·noja]
costas (f pl)	selkänoja	[selkænoja]
gaveta (f)	vetolaatikko	[ʋeto·la:tikko]

70. Quarto de dormir

roupa (f) de cama	vuodevaatteet	[ʋuode·ʋa:tte:t]
travesseiro (m)	tyyny	[ty:ny]
fronha (f)	tyynyliina	[ty:ny·li:na]
cobertor (m)	peitto, täkki	[pejte], [tækki]
lençol (m)	lakana	[lakana]
colcha (f)	peite	[pejte]

71. Cozinha

cozinha (f)	keittiö	[kejttiø]
gás (m)	kaasu	[ka:su]
fogão (m) a gás	kaasuliesi	[ka:su·liesi]
fogão (m) elétrico	sähköhella	[sæhkø·hella]
forno (m)	paistinuuni	[pajstin·u:ni]
forno (m) de micro-ondas	mikroaaltouuni	[mikro·a:ltou·u:ni]
geladeira (f)	jääkaappi	[jæ:ka:ppi]
congelador (m)	pakastin	[pakastin]
máquina (f) de lavar louça	astianpesukone	[astian·pesu·kone]
moedor (m) de carne	lihamylly	[liɦa·mylly]
espremedor (m)	mehunpuristin	[meɦun·puristin]
torradeira (f)	leivänpaahdin	[lejʋæn·pa:hdin]
batedeira (f)	sekoitin	[sekojtin]
máquina (f) de café	kahvinkeitin	[kahʋiŋ·kejtin]
cafeteira (f)	kahvipannu	[kahʋi·pannu]
moedor (m) de café	kahvimylly	[kahʋi·mylly]
chaleira (f)	teepannu	[te:pannu]
bule (m)	teekannu	[te:kannu]
tampa (f)	kansi	[kansi]
coador (m) de chá	teesiivilä	[te:si:ʋilæ]
colher (f)	lusikka	[lusikka]
colher (f) de chá	teelusikka	[te:lusikka]
colher (f) de sopa	ruokalusikka	[ruoka·lusikka]
garfo (m)	haarukka	[ha:rukka]
faca (f)	veitsi	[ʋejtsi]

louça (f)	astiat	[astiat]
prato (m)	lautanen	[lautanen]
pires (m)	teevati	[te:ʋati]

cálice (m)	shotti, snapsilasi	[shotti], [snapsi·lasi]
copo (m)	juomalasi	[juoma·lasi]
xícara (f)	kuppi	[kuppi]

açucareiro (m)	sokeriastia	[sokeri·astia]
saleiro (m)	suola-astia	[suola·astia]
pimenteiro (m)	pippuriastia	[pippuri·astia]
manteigueira (f)	voi astia	[ʋoj astia]

panela (f)	kasari, kattila	[kasari], [kattila]
frigideira (f)	pannu	[pannu]
concha (f)	kauha	[kauha]
coador (m)	lävikkö	[læʋikkø]
bandeja (f)	tarjotin	[tarjotin]

garrafa (f)	pullo	[pullo]
pote (m) de vidro	lasitölkki	[lasi·tølkki]
lata (~ de cerveja)	purkki	[purkki]

abridor (m) de garrafa	pullonavaaja	[pullon·aʋa:ja]
abridor (m) de latas	purkinavaaja	[purkin·aʋa:ja]
saca-rolhas (m)	korkkiruuvi	[korkki·ru:ʋi]
filtro (m)	suodatin	[suodatin]
filtrar (vt)	suodattaa	[suodatta:]

| lixo (m) | roska, jäte | [roska], [jæte] |
| lixeira (f) | roskasanko | [roska·saŋko] |

72. Casa de banho

banheiro (m)	kylpyhuone	[kylpy·huone]
água (f)	vesi	[ʋesi]
torneira (f)	hana	[hana]
água (f) quente	kuuma vesi	[ku:ma ʋesi]
água (f) fria	kylmä vesi	[kylmæ ʋesi]

pasta (f) de dente	hammastahna	[hammas·tahna]
escovar os dentes	harjata hampaita	[harjata hampajta]
escova (f) de dente	hammasharja	[hammas·harja]

barbear-se (vr)	ajaa parta	[aja: parta]
espuma (f) de barbear	partavaahto	[parta·ʋa:hto]
gilete (f)	partahöylä	[parta·høylæ]

lavar (vt)	pestä	[pestæ]
tomar banho	peseytyä	[peseytyæ]
chuveiro (m), ducha (f)	suihku	[sujhku]
tomar uma ducha	käydä suihkussa	[kæydæ suihkussa]
banheira (f)	amme, kylpyamme	[amme], [kylpyamme]
vaso (m) sanitário	vessanpönttö	[ʋessan·pønttø]

pia (f)	pesuallas	[pesu·allas]
sabonete (m)	saippua	[sajppua]
saboneteira (f)	saippuakotelo	[sajppua·kotelo]

esponja (f)	pesusieni	[pesu·sieni]
xampu (m)	sampoo	[sampo:]
toalha (f)	pyyhe	[py:he]
roupão (m) de banho	kylpytakki	[kylpy·takki]

lavagem (f)	pyykkäys	[py:kkæys]
lavadora (f) de roupas	pesukone	[pesu·kone]
lavar a roupa	pestä pyykkiä	[pestæ py:kkiæ]
detergente (m)	pesujauhe	[pesu·jauhe]

73. Eletrodomésticos

televisor (m)	televisio	[teleuisio]
gravador (m)	nauhuri	[nauhuri]
videogravador (m)	videonauhuri	[uideo·nauhuri]
rádio (m)	vastaanotin	[uasta:notin]
leitor (m)	soitin	[sojtin]

projetor (m)	projektori	[projektori]
cinema (m) em casa	kotiteatteri	[koti·teatteri]
DVD Player (m)	DVD-soitin	[deuede·sojtin]
amplificador (m)	vahvistin	[uahuistin]
console (f) de jogos	pelikonsoli	[peli·konsoli]

câmera (f) de vídeo	videokamera	[uideo·kamera]
máquina (f) fotográfica	kamera	[kamera]
câmera (f) digital	digitaalikamera	[digita:li·kamera]

aspirador (m)	pölynimuri	[pølyn·imuri]
ferro (m) de passar	silitysrauta	[silitys·rauta]
tábua (f) de passar	silityslauta	[silitys·lauta]

telefone (m)	puhelin	[puhelin]
celular (m)	matkapuhelin	[matka·puhelin]
máquina (f) de escrever	kirjoituskone	[kirjoitus·kone]
máquina (f) de costura	ompelukone	[ompelu·kone]

microfone (m)	mikrofoni	[mikrofoni]
fone (m) de ouvido	kuulokkeet	[ku:lokke:t]
controle remoto (m)	kaukosäädin	[kauko·sæ:din]

CD (m)	CD-levy	[sede·leuy]
fita (f) cassete	kasetti	[kasetti]
disco (m) de vinil	levy, vinyylilevy	[leuy], [uiny:li·leuy]

A TERRA. TEMPO

74. Espaço sideral

espaço, cosmo (m)	avaruus	[ɑʋɑru:s]
espacial, cósmico (adj)	avaruus-	[ɑʋɑru:s]
espaço (m) cósmico	avaruus	[ɑʋɑru:s]
mundo (m)	maailma	[mɑ:jlmɑ]
universo (m)	maailmankaikkeus	[mɑ:ilmɑn·kɑjkkeus]
galáxia (f)	galaksi	[gɑlɑksi]
estrela (f)	tähti	[tæhti]
constelação (f)	tähtikuvio	[tæhti·kuʋio]
planeta (m)	planeetta	[plɑne:ttɑ]
satélite (m)	satelliitti	[sɑtelli:tti]
meteorito (m)	meteoriitti	[meteori:tti]
cometa (m)	pyrstötähti	[pyrstø·tæhti]
asteroide (m)	asteroidi	[ɑsterojdi]
órbita (f)	kiertorata	[kierto·rɑtɑ]
girar (vi)	kiertää	[kærtæ:]
atmosfera (f)	ilmakehä	[ilmɑkeɦæ]
Sol (m)	Aurinko	[ɑuriŋko]
Sistema (m) Solar	Aurinkokunta	[ɑuriŋko·kuntɑ]
eclipse (m) solar	auringonpimennys	[ɑuriŋon·pimeŋys]
Terra (f)	Maa	[mɑ:]
Lua (f)	Kuu	[ku:]
Marte (m)	Mars	[mɑrs]
Vênus (f)	Venus	[ʋenus]
Júpiter (m)	Jupiter	[jupiter]
Saturno (m)	Saturnus	[sɑturnus]
Mercúrio (m)	Merkurius	[merkurius]
Urano (m)	Uranus	[urɑnus]
Netuno (m)	Neptunus	[neptunus]
Plutão (m)	Pluto	[pluto]
Via Láctea (f)	Linnunrata	[linnun·rɑtɑ]
Ursa Maior (f)	Otava	[otɑʋɑ]
Estrela Polar (f)	Pohjantähti	[pohjɑn·tæhti]
marciano (m)	marsilainen	[mɑrsilɑjnen]
extraterrestre (m)	avaruusolio	[ɑʋɑru:soljo]
alienígena (m)	avaruusolento	[ɑʋɑru:s·olento]

disco (m) voador	lentävä lautanen	[lentæuæ lautanen]
espaçonave (f)	avaruusalus	[auaru:s·alus]
estação (f) orbital	avaruusasema	[auaru:s·asema]
lançamento (m)	startti	[startti]

motor (m)	moottori	[mo:ttori]
bocal (m)	suutin	[su:tin]
combustível (m)	polttoaine	[poltto·ajne]

| cabine (f) | ohjaamo | [ohja:mo] |
| antena (f) | antenni | [antenni] |

vigia (f)	valoventtiili	[ualouentti:li]
bateria (f) solar	aurinkokennosto	[aurinko·kenosto]
traje (m) espacial	avaruuspuku	[auaru:s·puku]

| imponderabilidade (f) | painottomuus | [pajnottomu:s] |
| oxigênio (m) | happi | [happi] |

| acoplagem (f) | telakointi | [telakojnti] |
| fazer uma acoplagem | tehdä telakointi | [tehdæ telakojnti] |

| observatório (m) | observatorio | [obseruatorio] |
| telescópio (m) | teleskooppi | [telesko:ppi] |

| observar (vt) | tarkkailla | [tarkkajlla] |
| explorar (vt) | tutkia | [tutkia] |

75. A Terra

Terra (f)	Maa	[ma:]
globo terrestre (Terra)	maapallo	[ma:pallo]
planeta (m)	planeetta	[plane:tta]

atmosfera (f)	ilmakehä	[ilmakeħæ]
geografia (f)	maantiede	[ma:n·tiede]
natureza (f)	luonto	[luonto]

globo (mapa esférico)	karttapallo	[kartta·pallo]
mapa (m)	kartta	[kartta]
atlas (m)	atlas	[atlas]

| Europa (f) | Eurooppa | [euro:ppa] |
| Ásia (f) | Aasia | [a:sia] |

| África (f) | Afrikka | [afrikka] |
| Austrália (f) | Australia | [australia] |

América (f)	Amerikka	[amerikka]
América (f) do Norte	Pohjois-Amerikka	[pohjois·amerikka]
América (f) do Sul	Etelä-Amerikka	[etelæ·amerikka]

| Antártida (f) | Etelämanner | [etelæmanner] |
| Ártico (m) | Arktis | [arktis] |

76. Pontos cardeais

norte (m)	pohjola	[pohjola]
para norte	pohjoiseen	[pohjoise:n]
no norte	pohjoisessa	[pohjoisessa]
do norte (adj)	pohjois-, pohjoinen	[pohjois], [pohjoinen]
sul (m)	etelä	[etelæ]
para sul	etelään	[etelæ:n]
no sul	etelässä	[etelæssæ]
do sul (adj)	etelä-, eteläinen	[etelæ], [etelæjnen]
oeste, ocidente (m)	länsi	[lænsi]
para oeste	länteen	[lænte:n]
no oeste	lännessä	[lænnessæ]
ocidental (adj)	länsi-, läntinen	[lænsi], [læntinen]
leste, oriente (m)	itä	[itæ]
para leste	itään	[itæ:n]
no leste	idässä	[idæssæ]
oriental (adj)	itä-, itäinen	[itæ], [itæjnen]

77. Mar. Oceano

mar (m)	meri	[meri]
oceano (m)	valtameri	[ʋalta·meri]
golfo (m)	lahti	[lahti]
estreito (m)	salmi	[salmi]
terra (f) firme	maa	[ma:]
continente (m)	manner	[manner]
ilha (f)	saari	[sa:ri]
península (f)	niemimaa	[niemi·ma:]
arquipélago (m)	saaristo	[sa:risto]
baía (f)	lahti, poukama	[lahti], [poukama]
porto (m)	satama	[satama]
lagoa (f)	laguuni	[lagu:ni]
cabo (m)	niemi	[niemi]
atol (m)	atolli	[atolli]
recife (m)	riutta	[riutta]
coral (m)	koralli	[koralli]
recife (m) de coral	koralliriutta	[koralli·riutta]
profundo (adj)	syvä	[syʋæ]
profundidade (f)	syvyys	[syʋy:s]
abismo (m)	syvänne	[syʋænne]
fossa (f) oceânica	hauta	[hauta]
corrente (f)	virta	[ʋirta]
banhar (vt)	huuhdella	[hu:hdella]
litoral (m)	merenranta	[meren·ranta]

costa (f)	rannikko	[rannikko]
maré (f) alta	vuoksi	[ʋuoksi]
refluxo (m)	laskuvesi	[lasku·ʋesi]
restinga (f)	matalikko	[matalikko]
fundo (m)	pohja	[pohja]
onda (f)	aalto	[a:lto]
crista (f) da onda	aallonharja	[a:llon·harja]
espuma (f)	vaahto	[ʋa:hto]
tempestade (f)	myrsky	[myrsky]
furacão (m)	hirmumyrsky	[hirmu·myrsky]
tsunami (m)	tsunami	[tsunami]
calmaria (f)	tyyni	[ty:yni]
calmo (adj)	rauhallinen	[rauhallinen]
polo (m)	napa	[napa]
polar (adj)	napa-, polaarinen	[napa], [pola:rinen]
latitude (f)	leveyspiiri	[leʋeys·pi:ri]
longitude (f)	pituus	[pitu:s]
paralela (f)	leveyspiiri	[leʋeys·pi:ri]
equador (m)	päiväntasaaja	[pæjuæn·tasa:ja]
céu (m)	taivas	[tajʋas]
horizonte (m)	horisontti	[horisontti]
ar (m)	ilma	[ilma]
farol (m)	majakka	[majakka]
mergulhar (vi)	sukeltaa	[sukelta:]
afundar-se (vr)	upota	[upota]
tesouros (m pl)	aarteet	[a:rte:t]

78. Nomes de Mares e Oceanos

Oceano (m) Atlântico	Atlantin valtameri	[atlantin ʋalta meri]
Oceano (m) Índico	Intian valtameri	[intian ʋalta·meri]
Oceano (m) Pacífico	Tyynimeri	[ty:ni·meri]
Oceano (m) Ártico	Pohjoinen jäämeri	[pohjoinen jæ:meri]
Mar (m) Negro	Mustameri	[musta·meri]
Mar (m) Vermelho	Punainenmeri	[punajnen·meri]
Mar (m) Amarelo	Keltainenmeri	[keltajnen·meri]
Mar (m) Branco	Vienanmeri	[ʋjenan·meri]
Mar (m) Cáspio	Kaspianmeri	[kaspian·meri]
Mar (m) Morto	Kuollutmeri	[kuollut·meri]
Mar (m) Mediterrâneo	Välimeri	[ʋæli·meri]
Mar (m) Egeu	Egeanmeri	[egean·meri]
Mar (m) Adriático	Adrianmeri	[adrian·meri]
Mar (m) Arábico	Arabianmeri	[arabian·meri]
Mar (m) do Japão	Japaninmeri	[japanin·meri]

Mar (m) de Bering	**Beringinmeri**	[beriŋin·meri]
Mar (m) da China Meridional	**Etelä-Kiinan meri**	[etelæ·ki:nɑn meri]

Mar (m) de Coral	**Korallimeri**	[korɑlli·meri]
Mar (m) de Tasman	**Tasmaninmeri**	[tɑsmɑnin·meri]
Mar (m) do Caribe	**Karibianmeri**	[kɑribiɑn·meri]

Mar (m) de Barents	**Barentsinmeri**	[bɑrentsin·meri]
Mar (m) de Kara	**Karanmeri**	[kɑrɑn·meri]

Mar (m) do Norte	**Pohjanmeri**	[pohjɑn·meri]
Mar (m) Báltico	**Itämeri**	[itæ·meri]
Mar (m) da Noruega	**Norjanmeri**	[norjɑn·meri]

79. Montanhas

montanha (f)	**vuori**	[ʋuori]
cordilheira (f)	**vuorijono**	[ʋuori·jono]
serra (f)	**vuorenharjanne**	[ʋuoren·hɑrjɑnne]

cume (m)	**huippu**	[hujppu]
pico (m)	**vuorenhuippu**	[ʋuoren·hujppu]
pé (m)	**juuri**	[ju:ri]
declive (m)	**rinne**	[rinne]

vulcão (m)	**tulivuori**	[tuli·ʋuori]
vulcão (m) ativo	**toimiva tulivuori**	[tojmiʋɑ tuli·ʋuori]
vulcão (m) extinto	**sammunut tulivuori**	[sɑmmunut tuli·ʋuori]

erupção (f)	**purkaus**	[purkɑus]
cratera (f)	**kraatteri**	[krɑ:teri]
magma (m)	**magma**	[mɑgmɑ]
lava (f)	**laava**	[lɑ:ʋɑ]
fundido (lava ~a)	**sulaa, hehkuva**	[sulɑ:], [hehkuʋɑ]

cânion, desfiladeiro (m)	**kanjoni**	[kɑnjoni]
garganta (f)	**rotko**	[rotko]
fenda (f)	**halkeama**	[hɑlkeɑmɑ]
precipício (m)	**kuilu**	[kujlu]

passo, colo (m)	**sola**	[solɑ]
planalto (m)	**ylätasanko**	[ylæ·tɑsɑŋko]
falésia (f)	**kalju**	[kɑlju]
colina (f)	**mäki**	[mæki]

geleira (f)	**jäätikkö**	[jæ:tikkø]
cachoeira (f)	**vesiputous**	[ʋesi·putous]
gêiser (m)	**geisir**	[gejsir]
lago (m)	**järvi**	[jærʋi]

planície (f)	**tasanko**	[tɑsɑŋko]
paisagem (f)	**maisema**	[mɑjsemɑ]
eco (m)	**kaiku**	[kɑjku]
alpinista (m)	**vuorikiipeilijä**	[ʋuori·ki:pejlijæ]

escalador (m)	vuorikiipeilijä	[ʋuori·ki:pejlijæ]
conquistar (vt)	valloittaa	[ʋallojtta:]
subida, escalada (f)	nousu	[nousu]

80. Nomes de montanhas

Alpes (m pl)	Alpit	[alpit]
Monte Branco (m)	Mont Blanc	[monblɑn]
Pirineus (m pl)	Pyreneet	[pyrine:t]

Cárpatos (m pl)	Karpaatit	[karpa:tit]
Urais (m pl)	Ural	[ural]
Cáucaso (m)	Kaukasus	[kaukasus]
Elbrus (m)	Elbrus	[elbrus]

Altai (m)	Altai	[altaj]
Tian Shan (m)	Tienšan	[tien·ʃan]
Pamir (m)	Pamir	[pamir]
Himalaia (m)	Himalaja	[himalaja]
monte Everest (m)	Mount Everest	[maunt eʋerest]

| Cordilheira (f) dos Andes | Andit | [andit] |
| Kilimanjaro (m) | Kilimanjaro | [kilimanjaro] |

81. Rios

rio (m)	joki	[joki]
fonte, nascente (f)	lähde	[læhde]
leito (m) de rio	uoma	[uoma]
bacia (f)	joen vesistö	[joen ʋesistø]
desaguar no ...	laskea	[laskea]

| afluente (m) | sivujoki | [siʋu·joki] |
| margem (do rio) | ranta | [ranta] |

corrente (f)	virta	[ʋirta]
rio abaixo	myötävirtaan	[myøtæʋirta:n]
rio acima	ylävirtaan	[ylæ·ʋirta:n]

inundação (f)	tulva	[tulʋa]
cheia (f)	kevättulva	[keʋæt·tulʋa]
transbordar (vi)	tulvia	[tulʋia]
inundar (vt)	upottaa	[upotta:]

| banco (m) de areia | matalikko | [matalikko] |
| corredeira (f) | koski | [koski] |

barragem (f)	pato	[pato]
canal (m)	kanava	[kanaʋa]
reservatório (m) de água	vedensäiliö	[ʋeden·sæjliø]
eclusa (f)	sulku	[sulku]
corpo (m) de água	vesistö	[ʋesistø]

pântano (m)	suo	[suo]
lamaçal (m)	hete	[hete]
redemoinho (m)	vesipyörre	[ʋesi·pyørre]
riacho (m)	puro	[puro]
potável (adj)	juoma-	[yoma]
doce (água)	makea	[makea]
gelo (m)	jää	[jæ:]
congelar-se (vr)	jäätyä	[jæ:tyæ]

82. Nomes de rios

rio Sena (m)	Seine	[sen]
rio Loire (m)	Loire	[lua:r]
rio Tâmisa (m)	Thames	[tæms]
rio Reno (m)	Rein	[rejn]
rio Danúbio (m)	Tonava	[tonaʋa]
rio Volga (m)	Volga	[ʋolga]
rio Don (m)	Don	[don]
rio Lena (m)	Lena	[lena]
rio Amarelo (m)	Keltainenjoki	[keltajnen·joki]
rio Yangtzé (m)	Jangtse	[jaŋtse]
rio Mekong (m)	Mekong	[mekoŋ]
rio Ganges (m)	Ganges	[gaŋes]
rio Nilo (m)	Niili	[ni:li]
rio Congo (m)	Kongo	[koŋo]
rio Cubango (m)	Okavango	[okaʋaŋo]
rio Zambeze (m)	Sambesi	[sambesi]
rio Limpopo (m)	Limpopo	[limpopo]
rio Mississippi (m)	Mississippi	[mississippi]

83. Floresta

floresta (f), bosque (m)	metsä	[metsæ]
florestal (adj)	metsä-	[metsæ]
mata (f) fechada	tiheikkö	[tiħejkkø]
arvoredo (m)	lehto	[lehto]
clareira (f)	aho	[aħo]
matagal (m)	tiheikkö	[tiħejkkø]
mato (m), caatinga (f)	pensasaro	[pensas·aro]
pequena trilha (f)	polku	[polku]
ravina (f)	rotko	[rotko]
árvore (f)	puu	[pu:]
folha (f)	lehti	[lehti]

folhagem (f)	lehvistö	[lehʋistø]
queda (f) das folhas	lehdenlähtö	[lehden·læhtø]
cair (vi)	karista	[karista]
topo (m)	latva	[latʋa]

ramo (m)	oksa	[oksa]
galho (m)	oksa	[oksa]
botão (m)	silmu	[silmu]
agulha (f)	neulanen	[neulanen]
pinha (f)	käpy	[kæpy]

buraco (m) de árvore	pesäkolo	[pesæ·kolo]
ninho (m)	pesä	[pesæ]
toca (f)	kolo	[kolo]

tronco (m)	runko	[ruŋko]
raiz (f)	juuri	[ju:ri]
casca (f) de árvore	kuori	[kuori]
musgo (m)	sammal	[sammal]

arrancar pela raiz	juuria	[ju:ria]
cortar (vt)	hakata	[hakata]
desflorestar (vt)	kaataa puita	[ka:ta: pujta]
toco, cepo (m)	kanto	[kanto]

fogueira (f)	nuotio	[nuotio]
incêndio (m) florestal	metsäpalo	[metsæ·palo]
apagar (vt)	sammuttaa	[sammutta:]

guarda-parque (m)	metsänvartija	[metsæn·ʋartija]
proteção (f)	suojelu	[suojelu]
proteger (a natureza)	suojella	[suojella]
caçador (m) furtivo	salametsästäjä	[sala·metsæstæjæ]
armadilha (f)	raudat	[raudat]

colher (cogumelos)	sienestää	[sienestæ:]
colher (bagas)	marjastaa	[marjasta:]
perder-se (vr)	eksyä	[eksyæ]

84. Recursos naturais

recursos (m pl) naturais	luonnonvarat	[luonnon·ʋarat]
minerais (m pl)	fossiiliset resurssit	[fossi:liset resurssit]
depósitos (m pl)	esiintymä	[esi:ntymæ]
jazida (f)	kenttä	[kenttæ]

extrair (vt)	louhia	[louhia]
extração (f)	kaivostoiminta	[kajʋos·tojminta]
minério (m)	malmi	[malmi]
mina (f)	kaivos	[kajʋos]
poço (m) de mina	kaivos	[kajʋos]
mineiro (m)	kaivosmies	[kajʋosmies]
gás (m)	kaasu	[ka:su]
gasoduto (m)	maakaasuputki	[ma:ka:su·putki]

petróleo (m)	öljy	[øljy]
oleoduto (m)	öljyjohto	[øljy·johto]
poço (m) de petróleo	öljynporausreikä	[øljyn·poraus·rejkæ]
torre (f) petrolífera	öljynporaustorni	[øljyn·poraus·torni]
petroleiro (m)	tankkilaiva	[taŋkki·lajʋa]

areia (f)	hiekka	[hiekka]
calcário (m)	kalkkikivi	[kalkki·kiʋi]
cascalho (m)	sora	[sora]
turfa (f)	turve	[turʋe]
argila (f)	savi	[saʋi]
carvão (m)	hiili	[hi:li]

ferro (m)	rauta	[rauta]
ouro (m)	kulta	[kulta]
prata (f)	hopea	[hopea]
níquel (m)	nikkeli	[nikkeli]
cobre (m)	kupari	[kupari]

zinco (m)	sinkki	[siŋkki]
manganês (m)	mangaani	[maŋa:ni]
mercúrio (m)	elohopea	[elo·hopea]
chumbo (m)	lyijy	[lyjy]

mineral (m)	mineraali	[minera:li]
cristal (m)	kristalli	[kristalli]
mármore (m)	marmori	[marmori]
urânio (m)	uraani	[ura:ni]

85. Tempo

tempo (m)	sää	[sæ:]
previsão (f) do tempo	sääennuste	[sæ:ennuste]
temperatura (f)	lämpötila	[læmpøtila]
termômetro (m)	lämpömittari	[læmpø·mittari]
barômetro (m)	ilmapuntari	[ilma·puntari]

úmido (adj)	kostea	[kostea]
umidade (f)	kosteus	[kosteus]
calor (m)	helle	[helle]
tórrido (adj)	kuuma	[ku:ma]
está muito calor	on kuumaa	[on ku:ma:]

está calor	on lämmintä	[on læmmintæ]
quente (morno)	lämmin	[læmmin]

está frio	on kylmää	[on kylmæ:]
frio (adj)	kylmä	[kylmæ]

sol (m)	aurinko	[auriŋko]
brilhar (vi)	paistaa	[pajsta:]
de sol, ensolarado	aurinkoinen	[auriŋkojnen]
nascer (vi)	nousta	[nousta]
pôr-se (vr)	istuutua	[istu:tua]

nuvem (f)	pilvi	[pilʋi]
nublado (adj)	pilvinen	[pilʋinen]
nuvem (f) preta	sadepilvi	[sade·pilʋi]
escuro, cinzento (adj)	hämärä	[hæmæræ]

chuva (f)	sade	[sade]
está a chover	sataa vettä	[sata: ʋettæ]
chuvoso (adj)	sateinen	[satejnen]
chuviscar (vi)	vihmoa	[ʋihmoa]

chuva (f) torrencial	kaatosade	[ka:to·sade]
aguaceiro (m)	rankkasade	[raŋkka·sade]
forte (chuva, etc.)	rankka	[raŋkka]
poça (f)	lätäkkö	[lætækkø]
molhar-se (vr)	tulla märäksi	[tulla mæræksi]

nevoeiro (m)	sumu	[sumu]
de nevoeiro	sumuinen	[sumujnen]
neve (f)	lumi	[lumi]
está nevando	sataa lunta	[sata: lunta]

86. Tempo extremo. Catástrofes naturais

trovoada (f)	ukkonen	[ukkonen]
relâmpago (m)	salama	[salama]
relampejar (vi)	välkkyä	[ʋælkkyæ]

trovão (m)	ukkonen	[ukkonen]
trovejar (vi)	jyristä	[yristæ]
está trovejando	ukkonen jyrisee	[ukkonen yrise:]

| granizo (m) | raesade | [raesade] |
| está caindo granizo | sataa rakeita | [sata: rakejta] |

| inundar (vt) | upottaa | [upotta:] |
| inundação (f) | tulva | [tulʋa] |

terremoto (m)	maanjäristys	[ma:n·jaristys]
abalo, tremor (m)	maantärähdys	[ma:n·tæræhdys]
epicentro (m)	episentrumi	[episentrumi]

| erupção (f) | purkaus | [purkaus] |
| lava (f) | laava | [la:ʋa] |

tornado (m)	pyörremyrsky	[pyørre·myrsky]
tornado (m)	tornado	[tornado]
tufão (m)	taifuuni	[tajfu:ni]

furacão (m)	hirmumyrsky	[hirmu·myrsky]
tempestade (f)	myrsky	[myrsky]
tsunami (m)	tsunami	[tsunami]

| ciclone (m) | sykloni | [sykloni] |
| mau tempo (m) | koiranilma | [kojran·ilma] |

incêndio (m)	**palo**	[pɑlo]
catástrofe (f)	**katastrofi**	[kɑtɑstrofi]
meteorito (m)	**meteoriitti**	[meteori:tti]
avalanche (f)	**lumivyöry**	[lumi·ʋyøry]
deslizamento (m) de neve	**lumivyöry**	[lumi·ʋyøry]
nevasca (f)	**pyry**	[pyry]
tempestade (f) de neve	**pyry**	[pyry]

FAUNA

87. Mamíferos. Predadores

predador (m)	peto	[peto]
tigre (m)	tiikeri	[ti:keri]
leão (m)	leijona	[leijona]
lobo (m)	susi	[susi]
raposa (f)	kettu	[kettu]

jaguar (m)	jaguaari	[jagua:ri]
leopardo (m)	leopardi	[leopardi]
chita (f)	gepardi	[gepardi]

pantera (f)	pantteri	[pantteri]
puma (m)	puuma	[pu:ma]
leopardo-das-neves (m)	lumileopardi	[lumi·leopardi]
lince (m)	ilves	[ilues]

coiote (m)	kojootti	[kojo:tti]
chacal (m)	sakaali	[saka:li]
hiena (f)	hyeena	[hye:na]

88. Animais selvagens

animal (m)	eläin	[elæjn]
besta (f)	peto	[peto]

esquilo (m)	orava	[oraʋa]
ouriço (m)	siili	[si:li]
lebre (f)	jänis	[jænis]
coelho (m)	kaniini	[kani:ni]

texugo (m)	mäyrä	[mæuræ]
guaxinim (m)	pesukarhu	[pesu·karhu]
hamster (m)	hamsteri	[hamsteri]
marmota (f)	murmeli	[murmeli]

toupeira (f)	maamyyrä	[ma:my:ræ]
rato (m)	hiiri	[hi:ri]
ratazana (f)	rotta	[rotta]
morcego (m)	lepakko	[lepakko]

arminho (m)	kärppä	[kærppæ]
zibelina (f)	soopeli	[so:peli]
marta (f)	näätä	[næ:tæ]
doninha (f)	lumikko	[lumikko]
visom (m)	minkki	[miŋkki]

| castor (m) | majava | [majaʋa] |
| lontra (f) | saukko | [saukko] |

cavalo (m)	hevonen	[heʋonen]
alce (m)	hirvi	[hirʋi]
veado (m)	poro	[poro]
camelo (m)	kameli	[kameli]

bisão (m)	biisoni	[bi:soni]
auroque (m)	visentti	[ʋisentti]
búfalo (m)	puhveli	[puhʋeli]

zebra (f)	seepra	[se:pra]
antílope (m)	antilooppi	[antilo:ppi]
corça (f)	metsäkauris	[metsæ·kauris]
gamo (m)	kuusipeura	[ku:si·peura]
camurça (f)	gemssi	[gemssi]
javali (m)	villisika	[ʋilli·sika]

baleia (f)	valas	[ʋalas]
foca (f)	hylje	[hylje]
morsa (f)	mursu	[mursu]
urso-marinho (m)	merikarhu	[meri·karhu]
golfinho (m)	delfiini	[delfi:ni]

urso (m)	karhu	[karhu]
urso (m) polar	jääkarhu	[jæ:karhu]
panda (m)	panda	[panda]

macaco (m)	apina	[apina]
chimpanzé (m)	simpanssi	[simpanssi]
orangotango (m)	oranki	[oraŋki]
gorila (m)	gorilla	[gorilla]
macaco (m)	makaki	[makaki]
gibão (m)	gibboni	[gibboni]

elefante (m)	norsu	[norsu]
rinoceronte (m)	sarvikuono	[sarʋi·kuono]
girafa (f)	kirahvi	[kirahʋi]
hipopótamo (m)	virtahepo	[ʋirta·hepo]

| canguru (m) | kenguru | [keŋuru] |
| coala (m) | pussikarhu | [pussi·karhu] |

mangusto (m)	faaraorotta	[fa:rao·rotta]
chinchila (f)	sinsilla	[sinsilla]
cangambá (f)	haisunäätä	[hajsunæ:tæ]
porco-espinho (m)	piikkisika	[pi:kki·sika]

89. Animais domésticos

gata (f)	kissa	[kissa]
gato (m) macho	kollikissa	[kolli·kissa]
cão (m)	koira	[kojra]

cavalo (m)	hevonen	[heʋonen]
garanhão (m)	ori	[ori]
égua (f)	tamma	[tamma]
vaca (f)	lehmä	[lehmæ]
touro (m)	sonni	[sonni]
boi (m)	härkä	[hærkæ]
ovelha (f)	lammas	[lammas]
carneiro (m)	pässi	[pæssi]
cabra (f)	vuohi	[ʋuoɦi]
bode (m)	pukki	[pukki]
burro (m)	aasi	[a:si]
mula (f)	muuli	[mu:li]
porco (m)	sika	[sika]
leitão (m)	porsas	[porsas]
coelho (m)	kaniini	[kani:ni]
galinha (f)	kana	[kana]
galo (m)	kukko	[kukko]
pata (f), pato (m)	ankka	[aŋkka]
pato (m)	urosankka	[uros·aŋkka]
ganso (m)	hanhi	[hanhi]
peru (m)	uroskalkkuna	[uros·kalkkuna]
perua (f)	kalkkuna	[kalkkuna]
animais (m pl) domésticos	kotieläimet	[koti·elæjmet]
domesticado (adj)	kesy	[kesy]
domesticar (vt)	kesyttää	[kesyttæ:]
criar (vt)	kasvattaa	[kasʋatta:]
fazenda (f)	farmi	[farmi]
aves (f pl) domésticas	siipikarja	[si:pi·karja]
gado (m)	karja	[karja]
rebanho (m), manada (f)	lauma	[lauma]
estábulo (m)	hevostalli	[heʋos·talli]
chiqueiro (m)	sikala	[sikala]
estábulo (m)	navetta	[naʋetta]
coelheira (f)	kanikoppi	[kani·koppi]
galinheiro (m)	kanala	[kanala]

90. Pássaros

pássaro (m), ave (f)	lintu	[lintu]
pombo (m)	kyyhky	[ky:hky]
pardal (m)	varpunen	[ʋarpunen]
chapim-real (m)	tiainen	[tiajnen]
pega-rabuda (f)	harakka	[harakka]
corvo (m)	korppi	[korppi]

gralha-cinzenta (f)	**varis**	[ʋaris]
gralha-de-nuca-cinzenta (f)	**naakka**	[nɑːkkɑ]
gralha-calva (f)	**mustavaris**	[musta·ʋaris]
pato (m)	**ankka**	[aŋkkɑ]
ganso (m)	**hanhi**	[hanhi]
faisão (m)	**fasaani**	[fɑsɑːni]
águia (f)	**kotka**	[kotka]
açor (m)	**haukka**	[haukka]
falcão (m)	**jalohaukka**	[jalo·haukka]
abutre (m)	**korppikotka**	[korppi·kotka]
condor (m)	**kondori**	[kondori]
cisne (m)	**joutsen**	[joutsen]
grou (m)	**kurki**	[kurki]
cegonha (f)	**haikara**	[hajkɑrɑ]
papagaio (m)	**papukaija**	[papukaija]
beija-flor (m)	**kolibri**	[kolibri]
pavão (m)	**riikinkukko**	[riːkiŋ·kukko]
avestruz (m)	**strutsi**	[strutsi]
garça (f)	**haikara**	[hajkɑrɑ]
flamingo (m)	**flamingo**	[flamiŋo]
pelicano (m)	**pelikaani**	[pelikɑːni]
rouxinol (m)	**satakieli**	[sata·kieli]
andorinha (f)	**pääskynen**	[pæːskynen]
tordo-zornal (m)	**rastas**	[rastas]
tordo-músico (m)	**laulurastas**	[laulu·rastas]
melro-preto (m)	**mustarastas**	[musta·rastas]
andorinhão (m)	**tervapääsky**	[terʋa·pæːsky]
cotovia (f)	**leivonen**	[lejʋonen]
codorna (f)	**viiriäinen**	[ʋiːriæjnen]
pica-pau (m)	**tikka**	[tikka]
cuco (m)	**käki**	[kæki]
coruja (f)	**pöllö**	[pøllø]
bufo-real (m)	**huuhkaja**	[huːhkaja]
tetraz-grande (m)	**metso**	[metso]
tetraz-lira (m)	**teeri**	[teːri]
perdiz-cinzenta (f)	**peltopyy**	[pelto·pyː]
estorninho (m)	**kottarainen**	[kottarajnen]
canário (m)	**kanarialintu**	[kanaria·lintu]
galinha-do-mato (f)	**pyy**	[pyː]
tentilhão (m)	**peippo**	[pejppo]
dom-fafe (m)	**punatulkku**	[puna·tulkku]
gaivota (f)	**lokki**	[lokki]
albatroz (m)	**albatrossi**	[albatrossi]
pinguim (m)	**pingviini**	[piŋʋiːni]

91. Peixes. Animais marinhos

brema (f)	lahna	[lahna]
carpa (f)	karppi	[karppi]
perca (f)	ahven	[ahυen]
siluro (m)	monni	[monni]
lúcio (m)	hauki	[hauki]

salmão (m)	lohi	[lohi]
esturjão (m)	sampi	[sampi]

arenque (m)	silli	[silli]
salmão (m) do Atlântico	merilohi	[meri·lohi]
cavala, sarda (f)	makrilli	[makrilli]
solha (f), linguado (m)	kampela	[kampela]

lúcio perca (m)	kuha	[kuha]
bacalhau (m)	turska	[turska]
atum (m)	tonnikala	[tonnikala]
truta (f)	taimen	[tajmen]

enguia (f)	ankerias	[aŋkerias]
raia (f) elétrica	rausku	[rausku]
moreia (f)	mureena	[mure:na]
piranha (f)	punapiraija	[puna·piraija]

tubarão (m)	hai	[haj]
golfinho (m)	delfiini	[delfi:ni]
baleia (f)	valas	[υalas]

caranguejo (m)	taskurapu	[tasku·rapu]
água-viva (f)	meduusa	[medu:sa]
polvo (m)	meritursas	[meri·tursas]

estrela-do-mar (f)	meritähti	[meri·tæhti]
ouriço-do-mar (m)	merisiili	[meri·si:li]
cavalo-marinho (m)	merihevonen	[meri·heυonen]

ostra (f)	osteri	[osteri]
camarão (m)	katkarapu	[katkarapu]
lagosta (f)	hummeri	[hummeri]
lagosta (f)	langusti	[laŋusti]

92. Anfíbios. Répteis

cobra (f)	käärme	[kæ:rme]
venenoso (adj)	myrkky-, myrkyllinen	[myrkky], [myrkyllinen]

víbora (f)	kyy	[ky:]
naja (f)	silmälasikäärme	[silmælasi·kæ:rme]
píton (m)	pyton	[pyton]
jiboia (f)	jättiläiskäärme	[jættilæjs·kæ:rme]
cobra-de-água (f)	turhakäärme	[turha·kæ:rme]

cascavel (f)	kalkkarokäärme	[kalkkaro·kæ:rme]
anaconda (f)	anakonda	[anakonda]

lagarto (m)	lisko	[lisko]
iguana (f)	iguaani	[igua:ni]
varano (m)	varaani	[ʋara:ni]
salamandra (f)	salamanteri	[salamanteri]
camaleão (m)	kameleontti	[kameleontti]
escorpião (m)	skorpioni	[skorpioni]

tartaruga (f)	kilpikonna	[kilpi·konna]
rã (f)	sammakko	[sammakko]
sapo (m)	konna	[konna]
crocodilo (m)	krokotiili	[krokoti:li]

93. Insetos

inseto (m)	hyönteinen	[hyøntejnen]
borboleta (f)	perhonen	[perhonen]
formiga (f)	muurahainen	[mu:raɦajnen]
mosca (f)	kärpänen	[kærpænen]
mosquito (m)	hyttynen	[hyttynen]
escaravelho (m)	kovakuoriainen	[koʋa·kuoriajnen]

vespa (f)	ampiainen	[ampiajnen]
abelha (f)	mehiläinen	[meɦilæjnen]
mamangaba (f)	kimalainen	[kimalajnen]
moscardo (m)	kiiliäinen	[ki:liæjnen]

aranha (f)	hämähäkki	[hæmæɦækki]
teia (f) de aranha	hämähäkinseitti	[hæmæɦækin·sejtti]

libélula (f)	sudenkorento	[sudeŋ·korento]
gafanhoto (m)	hepokatti	[hepokatti]
traça (f)	yöperhonen	[yø·perhonen]

barata (f)	torakka	[torakka]
carrapato (m)	punkki	[puŋkki]
pulga (f)	kirppu	[kirppu]
borrachudo (m)	mäkärä	[mækæræ]

gafanhoto (m)	kulkusirkka	[kulku·sirkka]
caracol (m)	etana	[etana]
grilo (m)	sirkka	[sirkka]
pirilampo, vaga-lume (m)	kiiltomato	[ki:lto·mato]
joaninha (f)	leppäkerttu	[leppæ·kerttu]
besouro (m)	turilas	[turilas]

sanguessuga (f)	juotikas	[juotikas]
lagarta (f)	toukka	[toukka]
minhoca (f)	kastemato	[kaste·mato]
larva (f)	toukka	[toukka]

FLORA

94. Árvores

árvore (f)	puu	[pu:]
decídua (adj)	lehti-	[lehti]
conífera (adj)	havu-	[hɑʋu]
perene (adj)	ikivihreä	[ikiʋihreɑ]

macieira (f)	omenapuu	[omenɑ·pu:]
pereira (f)	päärynäpuu	[pæ:rynæ·pu:]
cerejeira (f)	linnunkirsikkapuu	[linnun·kirsikkɑpu:]
ginjeira (f)	hapankirsikkapuu	[hɑpɑn·kirsikkɑpu:]
ameixeira (f)	luumupuu	[lu:mu·pu:]

bétula (f)	koivu	[kojʋu]
carvalho (m)	tammi	[tɑmmi]
tília (f)	lehmus	[lehmus]
choupo-tremedor (m)	haapa	[hɑ:pɑ]
bordo (m)	vaahtera	[ʋɑ:htera]
espruce (m)	kuusipuu	[ku:si·pu:]
pinheiro (m)	mänty	[mænty]
alerce, lariço (m)	lehtikuusi	[lehti·ku:si]
abeto (m)	jalokuusi	[jɑloku:si]
cedro (m)	setri	[setri]

choupo, álamo (m)	poppeli	[poppeli]
tramazeira (f)	pihlaja	[pihlɑjɑ]
salgueiro (m)	paju	[pɑju]
amieiro (m)	leppä	[leppæ]
faia (f)	pyökki	[pyøkki]
ulmeiro, olmo (m)	jalava	[jɑlɑʋɑ]
freixo (m)	saarni	[sɑ:rni]
castanheiro (m)	kastanja	[kɑstɑnjɑ]

magnólia (f)	magnolia	[mɑgnolia]
palmeira (f)	palmu	[pɑlmu]
cipreste (m)	sypressi	[sypressi]

mangue (m)	mangrove	[mɑŋroʋe]
embondeiro, baobá (m)	apinanleipäpuu	[ɑpinɑn·lejpæpu:]
eucalipto (m)	eukalyptus	[eukɑlyptus]
sequoia (f)	punapuu	[punɑ·pu:]

95. Arbustos

arbusto (m)	pensas	[pensɑs]
arbusto (m), moita (f)	pensaikko	[pensɑjkko]

videira (f)	viinirypäleet	[ʋi:ni·rypæle:t]
vinhedo (m)	viinitarha	[ʋi:ni·tarha]

framboeseira (f)	vadelma	[ʋadelma]
groselheira-negra (f)	mustaherukka	[musta·herukka]
groselheira-vermelha (f)	punaherukka	[puna·herukka]
groselheira (f) espinhosa	karviainen	[karʋiajnen]

acácia (f)	akasia	[akasia]
bérberis (f)	happomarja	[happomarja]
jasmim (m)	jasmiini	[jasmi:ni]

junípero (m)	kataja	[kataja]
roseira (f)	ruusupensas	[ru:su·pensas]
roseira (f) brava	villiruusu	[ʋilli·ru:su]

96. Frutos. Bagas

fruta (f)	hedelmä	[hedelmæ]
frutas (f pl)	hedelmät	[hedelmæt]
maçã (f)	omena	[omena]
pera (f)	päärynä	[pæ:rynæ]
ameixa (f)	luumu	[lu:mu]

morango (m)	mansikka	[mansikka]
ginja (f)	hapankirsikka	[hapan·kirsikka]
cereja (f)	linnunkirsikka	[linnun·kirsikka]
uva (f)	viinirypäleet	[ʋi:ni·rypæle:t]

framboesa (f)	vadelma	[ʋadelma]
groselha (f) negra	mustaherukka	[musta·herukka]
groselha (f) vermelha	punaherukka	[puna·herukka]
groselha (f) espinhosa	karviainen	[karʋiajnen]
oxicoco (m)	karpalo	[karpalo]

laranja (f)	appelsiini	[appelsi:ni]
tangerina (f)	mandariini	[mandari:ni]
abacaxi (m)	ananas	[ananas]

banana (f)	banaani	[bana:ni]
tâmara (f)	taateli	[ta:teli]

limão (m)	sitruuna	[sitru:na]
damasco (m)	aprikoosi	[apriko:si]
pêssego (m)	persikka	[persikka]

quiuí (m)	kiivi	[ki:ʋi]
toranja (f)	greippi	[grejppi]

baga (f)	marja	[marja]
bagas (f pl)	marjat	[marjat]
arando (m) vermelho	puolukka	[puolukka]
morango-silvestre (m)	ahomansikka	[aho·mansikka]
mirtilo (m)	mustikka	[mustikka]

97. Flores. Plantas

flor (f)	kukka	[kukka]
buquê (m) de flores	kukkakimppu	[kukka·kimppu]
rosa (f)	ruusu	[ru:su]
tulipa (f)	tulppani	[tulppani]
cravo (m)	neilikka	[nejlikka]
gladíolo (m)	miekkalilja	[miekkalilja]
centáurea (f)	kaunokki	[kaunokki]
campainha (f)	kissankello	[kissan·kello]
dente-de-leão (m)	voikukka	[ʋoj·kukka]
camomila (f)	päivänkakkara	[pæjʋæn·kakkara]
aloé (m)	aaloe	[a:loe]
cacto (m)	kaktus	[kaktus]
fícus (m)	fiikus	[fi:kus]
lírio (m)	lilja	[lilja]
gerânio (m)	kurjenpolvi	[kurjen·polʋi]
jacinto (m)	hyasintti	[hyasintti]
mimosa (f)	mimosa	[mimosa]
narciso (m)	narsissi	[narsissi]
capuchinha (f)	koristekrassi	[koriste·krassi]
orquídea (f)	orkidea	[orkidea]
peônia (f)	pioni	[pioni]
violeta (f)	orvokki	[orʋokki]
amor-perfeito (m)	keto-orvokki	[keto·orʋokki]
não-me-esqueças (m)	lemmikki	[lemmikki]
margarida (f)	kaunokainen	[kaunokajnen]
papoula (f)	unikko	[unikko]
cânhamo (m)	hamppu	[hamppu]
hortelã, menta (f)	minttu	[minttu]
lírio-do-vale (m)	kielo	[kielo]
campânula-branca (f)	lumikello	[lumi·kello]
urtiga (f)	nokkonen	[nokkonen]
azedinha (f)	suolaheinä	[suola·hejnæ]
nenúfar (m)	lumme	[lumme]
samambaia (f)	saniainen	[saniajnen]
líquen (m)	jäkälä	[jækælæ]
estufa (f)	talvipuutarha	[talʋi·pu:tarha]
gramado (m)	nurmikko	[nurmikko]
canteiro (m) de flores	kukkapenkki	[kukka·peŋkki]
planta (f)	kasvi	[kasʋi]
grama (f)	ruoho	[ruoho]
folha (f) de grama	heinänkorsi	[hejnæŋ·korsi]

folha (f)	lehti	[lehti]
pétala (f)	terälehti	[teræ·lehti]
talo (m)	varsi	[ʋɑrsi]
tubérculo (m)	mukula	[mukulɑ]

| broto, rebento (m) | itu | [itu] |
| espinho (m) | piikki | [piːkki] |

florescer (vi)	kukkia	[kukkiɑ]
murchar (vi)	kuihtua	[kujhtuɑ]
cheiro (m)	tuoksu	[tuoksu]
cortar (flores)	leikata	[lejkɑtɑ]
colher (uma flor)	repiä	[repiæ]

98. Cereais, grãos

grão (m)	vilja	[ʋiljɑ]
cereais (plantas)	viljat	[ʋiljɑt]
espiga (f)	tähkä	[tæhkæ]

trigo (m)	vehnä	[ʋehnæ]
centeio (m)	ruis	[rujs]
aveia (f)	kaura	[kɑurɑ]
painço (m)	hirssi	[hirssi]
cevada (f)	ohra	[ohrɑ]

milho (m)	maissi	[mɑjssi]
arroz (m)	riisi	[riːsi]
trigo-sarraceno (m)	tattari	[tɑttɑri]

ervilha (f)	herne	[herne]
feijão (m) roxo	pavut	[pɑʋut]
soja (f)	soija	[soijɑ]
lentilha (f)	linssi	[linssi]
feijão (m)	pavut	[pɑʋut]

PAÍSES DO MUNDO

99. Países. Parte 1

Afeganistão (m)	Afganistan	[afganistan]
África (f) do Sul	Etelä-Afrikka	[etelæ·afrikka]
Albânia (f)	Albania	[albania]
Alemanha (f)	Saksa	[saksa]
Arábia (f) Saudita	Saudi-Arabia	[saudi·arabia]
Argentina (f)	Argentiina	[argenti:na]
Armênia (f)	Armenia	[armeniæ]

Austrália (f)	Australia	[australia]
Áustria (f)	Itävalta	[itævalta]
Azerbaijão (m)	Azerbaidžan	[azerbajdʒan]
Bahamas (f pl)	Bahama	[bahama]
Bangladesh (m)	Bangladesh	[baŋladeʃ]
Bélgica (f)	Belgia	[belgia]
Belarus	Valko-Venäjä	[valko·venæjæ]

Bolívia (f)	Bolivia	[bolivia]
Bósnia e Herzegovina (f)	Bosnia ja Hertsegovina	[bosnia ja hertsegovina]
Brasil (m)	Brasilia	[brasilia]
Bulgária (f)	Bulgaria	[bulgaria]
Camboja (f)	Kambodža	[kambodʒa]
Canadá (m)	Kanada	[kanada]
Cazaquistão (m)	Kazakstan	[kazakstan]
Chile (m)	Chile	[tʃile]
China (f)	Kiina	[ki:na]
Chipre (m)	Kypros	[kypros]
Colômbia (f)	Kolumbia	[kolumbia]
Coreia (f) do Norte	Pohjois-Korea	[pohjois·korea]
Coreia (f) do Sul	Etelä-Korea	[etelæ·korea]
Croácia (f)	Kroatia	[kroatia]

Cuba (f)	Kuuba	[ku:ba]
Dinamarca (f)	Tanska	[tanska]
Egito (m)	Egypti	[egypti]
Emirados Árabes Unidos	Arabiemiirikuntien liitto	[arabi·emi:ri·kuntien li:tto]
Equador (m)	Ecuador	[ekuador]
Escócia (f)	Skotlanti	[skotlanti]

Eslováquia (f)	Slovakia	[slovakia]
Eslovênia (f)	Slovenia	[slovenia]
Espanha (f)	Espanja	[espanja]
Estados Unidos da América	Yhdysvallat	[yhdys·vallat]
Estônia (f)	Viro	[viro]
Finlândia (f)	Suomi	[suomi]
França (f)	Ranska	[ranska]

100. Países. Parte 2

Gana (f)	Ghana	[gana]
Geórgia (f)	Georgia	[georgia]
Grã-Bretanha (f)	Iso-Britannia	[iso·britannia]
Grécia (f)	Kreikka	[krejkka]
Haiti (m)	Haiti	[haiti]
Hungria (f)	Unkari	[uŋkari]
Índia (f)	Intia	[intia]
Indonésia (f)	Indonesia	[indonesia]
Inglaterra (f)	Englanti	[eŋlanti]
Irã (m)	Iran	[iran]
Iraque (m)	Irak	[irak]
Irlanda (f)	Irlanti	[irlanti]
Islândia (f)	Islanti	[islanti]
Israel (m)	Israel	[israel]
Itália (f)	Italia	[italia]
Jamaica (f)	Jamaika	[jamajka]
Japão (m)	Japani	[japani]
Jordânia (f)	Jordania	[jordania]
Kuwait (m)	Kuwait	[kuʋajt]
Laos (m)	Laos	[laos]
Letônia (f)	Latvia	[latʋia]
Líbano (m)	Libanon	[libanon]
Líbia (f)	Libya	[libya]
Liechtenstein (m)	Liechtenstein	[lihtenʃtajn]
Lituânia (f)	Liettua	[liettua]
Luxemburgo (m)	Luxemburg	[lyksemburg]
Macedônia (f)	Makedonia	[makedonia]
Madagascar (m)	Madagaskar	[madagaskar]
Malásia (f)	Malesia	[malesia]
Malta (f)	Malta	[malta]
Marrocos	Marokko	[marokko]
México (m)	Meksiko	[meksiko]
Birmânia (f)	Myanmar	[myanmar]
Moldávia (f)	Moldova	[moldoʋa]
Mônaco (m)	Monaco	[monako]
Mongólia (f)	Mongolia	[moŋolia]
Montenegro (m)	Montenegro	[monte·negro]
Namíbia (f)	Namibia	[namibiæ]
Nepal (m)	Nepal	[nepal]
Noruega (f)	Norja	[norja]
Nova Zelândia (f)	Uusi-Seelanti	[u:si·se:lanti]

101. Países. Parte 3

Países Baixos (m pl)	Alankomaat	[alaŋkoma:t]
Palestina (f)	Palestiinalaishallinto	[palesti:nalajs·hallinto]

Panamá (m)	Panama	[panama]
Paquistão (m)	Pakistan	[pakistan]
Paraguai (m)	Paraguay	[paraguaj]
Peru (m)	Peru	[peru]
Polinésia (f) Francesa	Ranskan Polynesia	[ranskan polynesia]

Polônia (f)	Puola	[puola]
Portugal (m)	Portugali	[portugali]
Quênia (f)	Kenia	[kenia]
Quirguistão (m)	Kirgisia	[kirgisia]
República (f) Checa	Tšekki	[tʃekki]
República Dominicana	Dominikaaninen tasavalta	[dominika:ninen tasavalta]
Romênia (f)	Romania	[romania]

Rússia (f)	Venäjä	[ʋenæjæ]
Senegal (m)	Senegal	[senegal]
Sérvia (f)	Serbia	[serbia]
Síria (f)	Syyria	[sy:ria]
Suécia (f)	Ruotsi	[ruotsi]
Suíça (f)	Sveitsi	[sʋejtsi]
Suriname (m)	Suriname	[suriname]

Tailândia (f)	Thaimaa	[thajma:]
Taiwan (m)	Taiwan	[tajʋan]
Tajiquistão (m)	Tadžhikistan	[tadʒikistan]
Tanzânia (f)	Tansania	[tansania]
Tasmânia (f)	Tasmania	[tasmania]
Tunísia (f)	Tunisia	[tunisia]
Turquemenistão (m)	Turkmenistan	[turkmenistan]

Turquia (f)	Turkki	[turkki]
Ucrânia (f)	Ukraina	[ukrajna]
Uruguai (m)	Uruguay	[uruguaj]
Uzbequistão (f)	Uzbekistan	[uzbekistan]
Vaticano (m)	Vatikaanivaltio	[ʋatika:ni·ʋaltio]
Venezuela (f)	Venezuela	[ʋenezuela]
Vietnã (m)	Vietnam	[ʋjetnam]
Zanzibar (m)	Sansibar	[sansibar]